KB176130

건투를 빌어요

체육 선생님이 들려주는
스포츠 영화 이야기

컨투를 빌어요

정일화 장필준 한동수
이승현 강민수 이정우
이청아 서유정 송재우 지음

크룩

들어가며

스포츠를 보면서 종종 '각본 없는 드라마', '영화 같다', '인생 같다'고 합니다. 어떤 결과로 이어질지 모르는 와중에 어려움을 겪기도, 승리를 경험할 때도 있기 때문입니다. 간절히 바라는 마음 하나로 치열하게, 최선을 다하면서 벌어지는 일이니 어쩌면 결과와 무관하게 아름답다고 표현할 수도 있겠습니다.
우리는 삶 속에서 스포츠와 관계없이도 스포츠 정신을 발휘해 절망으로부터 어김없이 새로운 대안을 찾아내곤 합니다. 그렇게 사람은 성장해 가는 것이겠지요. 그렇다면 모두의 삶에 각자의 스포츠가 녹아 있다고 해도 과언이 아닐 것입니다.

처음 이 책은 체육 교사들을 주축으로, 선수를 꿈꾸는 학생들에게 의지를 북돋아 주기 위해 쓰이기 시작했습니다. 그러나 교육 자료라든지 영화 도서 혹은 평론의 형식으로는 감동을 전하기 어려워 많은 수정을 거쳤고, 영화 줄거리와 대사를 중심으로 한 지금의 책이 되었습니다.

이 도서는 꿈을 향한 불굴의 의지와 삶의 전형을 담은 스포츠 영화를 토대로 합니다. 주인공의 시선을 따라가며 독자에게 스포츠만의 감동을 전하고자 했습니다. 때로는 필자 본인의 경험을 녹여내기도 하면서 말입니다. 경기의 승리가 아닌 삶의 승리를, 강자의 승리가 아닌 모두의 승리를 바라는 마음이 집필 작업의 주 원동력이었습니다.

학생이라면 꿈과 의지를 키우는 데 일조할 수 있기를 바랍니다. 학생이 아닌 그 누구에게라도 아름다운 인생을 응원하는 책이 되길 소망합니다.

— 저자를 대표하여 정일화

차례

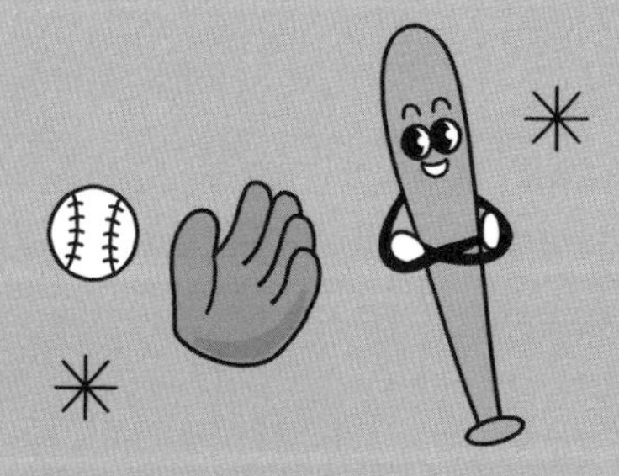

1등만 바라는 어른들 틈에서 고군분투하는 아이의 아픔

4등

"1등 하면 기분이 어때요?"

✳

✳

당신의 가족이나 친구가 수영 대회에서 4등을 했다고 말하면 어떤 반응을 보일 텐가? 각자 처한 상황마다 다르겠지만 대부분은 안타까움과 위로를 건넬 것이다. 지금 시대에 '4등'은 성공의 문턱을 넘어서지 못한 등수에 불과하다. 경쟁력 없는, 실패한, 안타까움 등의 상징으로 쓰인다. 이를 제목으로 둔 영화 〈4등〉(2016)은 우리에게 어떤 메시지를 남길까.

주인공인 준호는 대회만 나갔다 하면 4등을 기록해 오는 초등학생 수영 선수다. 엄마는 주야장천 4등만 도맡아 하는 준호에게 원망 섞인 짜증을 쏟아내지만, 준호는 "저도 나름대로 열심히 하고 있어요."라고 말한다. 사실 준호는 그저 물이 좋아 수영을 하는 꿈 많은 초등학생이다. 준호의 모습은 1등만을 최고로 여기는 엄마에게 마냥 꿈에 찬, 철부지 아이의 태만함으로 비춰진다.

계속된 4등에 이골이 날 대로 난 엄마는 주변에 수소문하여 '위험한 코치'의 연락처를 받게 된다. "이 코치를 소개해 주면 준호가 상처받을 수 있다"는 말은 엄마에게 중요하지 않다. 1등만 할 수 있다면 아이가 어떻게 되든 상관없다. 하지만 엄마의 희망찬 기대와는 달리, 다음 날 첫 훈련을 하러 온 준호가 코치를 만난 곳은 동네 PC방이다. 다음 날도, 그다음 날도 코치는 게임 삼매경에 빠져있다. 준호는 수영 천재였다는 코치님 이력은 지어낸 것 아니냐며 도발한다. 어쩌면 대한민국의 영웅으로, 국민의 사랑을 받으며 꿈과 용기를 줄 수 있었던 과거의 국가대표 수영 선수 광수. 그는 어떤 마음에서였는지 준호를 끌고 수영장에 간다.

준호는 광수 앞에서 처음 수영을 선보인다. 이때 헨델의 라르고가 조용히 흘러나오며 천천히 물속을 유영하는 듯한 장면이 천천히 펼쳐진다. 속도, 등수와는 상관없이 수영을 좋아하는 어린 학생을 보고 광수는 "예쁜 폼"이라며 수영을 계속하길 권한다. 라르고는 속도감 있는 음악이 아니다. 제목에 쓰인 것과 동시에 빠르기를 지시하는 말이기도 한 라르고는 '아주 느리게, 풍부한 표현'의 뜻을 가지고 있다. 긴박감 넘치는 대회를 떠나 순수하게 느끼는 즐거움, 그것이 좋은 성과를 내는 재료라고 말하는 이 장면은 영화의 주제가 처음 드러나는 대목이다.

감동적인 순간도 잠시, 광수는 "나는 수영을 잘해서 아무에게도 혼나지 않았어. 아무리 일등이어도 누군가 바로 잡아줄 사람이 있었더라면 이렇게는 안 됐을 거야."라며 준호에게 폭력과 폭언을 일삼는다. 코치로서 준호의 실력이 답답한 그는 분을 삭이지 못하고 닥치는 대로 때린다. 버릇처럼 "네가 열심히 하지 않아 매를 드는 거다."라고 말하고, 준호는 하루하루가 힘들고 고달프지만 거르지 않고 수영장에 나가 훈련을 받는다.

얼마 후, 준호는 대회에서 2등을 기록한다. 엄마는 '거의 1등'이라며 주체할 수 없을 만큼 기뻐하지만, 코치는 자신이 지시대로 따르지 않았다며 손찌검이라도 날릴 태세로 아이를 몰아간다. 아이 몸에 든 붉은 멍을 보고 아빠는 다른 코치를 알아보자고 하는데, 엄마는 고백하듯 아들이 맞는 것보다 4등을 하는 것이 더 무섭다고 말한다. 준호는 유일하게 자기편이었던 아빠에게 수영을 그만두겠다고 토로한다. 엄마는 노발대발이다. 아빠와 엄마의 언쟁은 계속되고 준호는 동생의 위로에 겨우 잠을 청한다.

어느 날 저녁, 준호는 홀로 수영장에 간다. 물 위에 놓인 부표라인을 무시하고 가로로 질러 유영한다. 방향과 틀에서 벗어나 자유를 느끼고, 한참 물속에 있으면서 자신이 돌아갈 곳은 '수영'이라는 것을 깨닫는다. 오랜 내면 갈등의 끝에 준호는 코치를 다시 찾아간다. "수영을 하고 싶어요." 코치는 시큰둥하게 타박한다. "너는 욕심이 없어서 안 된다. 1등 하는 아이들은 눈빛부터 다르다." 진짜 1등을 해보고 싶었던 적이 있냐는 코치의 물음에, 준호는 좋아하는 수영을 계속하기 위해서는 지금은 1등을 해야 한다고 대답한다. 준호의 진심을 알게 된 코치는 금메달을 따게 될 것이라는 자신감을 불어넣어 주고 혼자서 수영을 해보라고 권하며 자신의 수경을 건넨다.

준호는 코치가 선물한 수경대신 자신의 수경으로 자신만의 수

영을 한다. 코치도 같은 시간을 지나오면서 이미 깨닫고 있었다. 좋은 기록은 몰아세운다고 세워지는 것이 아니고, 몸과 마음이 자유로울 때 세워진다는 것을!

대통령 배 대회가 시작되고, 그 순간 내내 카메라 구도는 1인칭으로 흘러간다. 주인공의 감정을 오롯이, 간접적으로나마 경험할 수 있도록 한 장치가 아닐까? 준호는 떨리는 마음으로 결승전이 열리는 경기장에 들어선다. 신호가 울리고, 평소대로 물속에 뛰어든다. 그런데 그간의 느낌과는 다르다. 왠지 몸이 자유롭고 가볍다. 경기에 몰입해서 기록을 확인할 틈도 없이 물 밖으로 나와 샤워실로 향한다. 대기 중인 아이가 묻는다. "형, 1등하면 기분이 어때요?" 어리둥절한 마음으로 올려다본 전광판 자신의 이름 옆에 '1'이라는 숫자가 선명하다. 덤덤히 흘러가지만 묵직하게 던지는 주제가 선명하게 드러나는 부분으로, 이야기는 이렇게 막을 내린다.

광수의 시점에서 보면 준호에게 좋은 결과가 나왔으니, 폭력이 때때로 필요한 일인 것처럼 해석되기도 한다. 하지만 이 영화는 폭력을 완전히 반대한다. 좋은 성과를 내기 위해서는 과도한 훈육이 아니라 하고 싶은 것을 지지하고, 애정으로 가르치는 것이라고 피력한다. 광수가 말한 "누군가 자신을 잡아주었으면 좋았을 것"도 애정 어린 관심으로 비유하여 표현한 듯이 들린다.

어쩌면 "기록이 좋다는 이유로 한 번도 혼내지 않았다"고 한 부분까지 또 다른 폭력으로 읽힐 수 있다.

과거 우리의 교육은 오랫동안 체벌과 어느 정도 가까운 관계를 맺어 왔다. 스포츠 대회에 출전하는 선수들은 전장에 나가는 군인처럼 죽을 힘을 다해 뛰겠다며 각오를 다졌다. 금메달을 따지 못하면 시상식에서 죄인처럼 고개를 숙이기도 했다. 그런데 지금은 다르다. 3등, 4등 어떤 등수든 정신적 혹은 신체적 폭력의 정당한 이유가 되지 못한다. 이제는 '인권'이 강조되면서 우리의 체육 현장에서도 체벌은 허용되지 않는다.•

또, 경기를 치르는 선수들의 표정에서, 힘듦과 괴로움이 아니라 좋아하는 분야에 도전을 즐기고 있다는 것이 느껴진다. 실력과 상관없이 스포츠 자체를 즐기는 사람들을 과연 누가 이길 수 있을까?••

이 영화는 스포츠뿐 아니라 사회적 성공에 대한 기준과 압박을 넘어서는 새로운 시각을 보여준다. 이 영화에서 말하는 '4등'은

• 김용승(2007). 스포츠 과학 : 체벌과 선수의 정신력 강화. 한국스포츠정책과학원.

•• 스포츠멘탈컨설턴트(2023. 10. 10.). 선수들이 힘든 것을 견디며 훈련할 수 있는 분위기를 조성하는 것은 지도자와 협회의 몫. https://blog.naver.com/sports_stories/223232446813

성공의 문턱을 넘어서지 못해 안타까운 '결과'가 아닌, 자신의 길을 찾아가며 기쁘게 성장하는 '과정'이다.

그 누구도 말릴 수 없는 스키어의 올림픽 출전기

독수리 에디

"아빠 말처럼 난 올림픽에 못 나갈 거야.
대신 동계 올림픽에 나갈래."

영화 〈독수리 에디Eddie the Eagle〉는 1970~80년대 영국을 배경으로 이야기가 진행된다. 이 영화는 이야기의 실제 주인공 '에디'의 삶을 바탕으로 한 영화다. 하지만 믿기 어려울 만큼 극적인 부분들이 많다. 2022년 카타르 월드컵 시즌에 '중꺾마'라는 단어가 유행한 적이 있었다. 중요한 것은 꺾이지 않는 마음이라는 뜻이다. 에디의 삶을 가만히 들여다보면 이 '중꺾마'의 정신이 녹아 있음을 알 수 있게 된다. 올림픽이란 어떤 무대인가? 이 영화가 시사하는 바는 무엇인지 함께 지켜보자.

세계 대전 이후 격변의 시기였던 시절, 1963년 영국의 한 시골에 에디라는 아이가 태어난다. 에디는 선천적으로 무릎이 온전치 못했지만, 올림픽 참가라는 대단한 꿈을 갖고 있었다. 에디는 '영광의 순간들'이라는 올림픽에 관한 책을 읽어 오면서 올림픽 무대에 대한 로망이 생겨났기 때문이다. 하지만 에디의 아버지 눈에는 허황된 꿈을 꾸는 에디가 못마땅했다. 이런 부모님의 반대에 에디는 꿈을 잠시 포기한 채 살아간다. 그러던 어느 날, TV에서 중계하는 스키점프 경기를 본 에디의 가슴에 올림픽 출전이라는 꿈이 다시 꿈틀대기 시작한다. 기존에는 하계 올림픽 참가를 목표로 했다면, 이제는 동계 올림픽으로 선회한다. 아버지 밑에서 미장일을 배우라는 아버지의 지시에 에디는 이렇게 대답한다. "죄송해요, 아빠. 저는 스키를 타야 해요. 스키점프로 동계올림픽에 나갈 거예요." 에디는 과감히 짐을 싸서 세계적인 선수들이 훈련하고 있는 독일로 떠날 결심을 한다. 아빠의 불만과 엄마의 걱정을 뒤로하고 에디는 단숨에 독일의 훈련 장소로 향한다.

우리는 살아가면서 어떤 목표가 생겼을 때, 이것을 곧바로 실천하지 못하는 경우가 많다. 내가 목표로 삼은 것이 좋은 선택인지, 실현하기 위해서는 어떠한 방법과 노력이 필요한지, 그 과정을 내가 감당할 수 있는 것인지, 그렇다면 감당할 가치가 있는 것인지 판단을 해야 하기 때문이다. 하지만 에디는 주저 없이 곧장 실행하는 모습을 보여준다. 무모하리만큼 저돌적으로 목표를 향해 달려간다. 완벽한 계획이 목표 성취에 도움을 줄 수 있지만, 모든 것을 완벽하게 준비하고 계획할 수 없다면, 고민하지 말고 부딪쳐가며 목표를 향해 달려가는 것도 좋은 방법이 될 수 있다는 것을 에디가 보여준다.

에디는 그렇게 오스트리아의 국경 근처에 있는 독일의 가르미슈라는 곳에 도착한다. 독일에서 스키점프 훈련하는 곳으로 유명한 곳이다. TV에서만 보던 유명한 선수들을 만나고 평소 동경하던 올림픽 훈련장에 있다는 사실만으로 모든 것이 마법처럼 신기하다. 하지만 이 모든 설렘도 잠시, 무작정 달려온 에디는 잘 곳도, 도움을 줄 코치도, 훈련을 같이할 팀원도 없다. 보통 10살 이전에 스키점프를 시작해 기본기를 탐탐히 다져온 다른 선수들과 달리, 22살에 시작한 에디는 실력 면에서 차이가 크고, 다소 어눌해 보이는 외모로 인해 놀림의 대상이 되고 만다. 어쩔 수 없이 반 거지처럼 지내며, 주변 선수들에게 스키점프 훈련 방법과 팁을 구걸하는데, 그런 에디에게 노르웨이의 한 선수가 이렇게 이야기한다. "스키점프 착지 방법은 6살 때 배우는 거란다." 22살에 독학으로 스키점프를 배우려는 에디를 도와주기보다 조롱하고 귀찮아한다. 하지만 에디는 이에 아랑곳하지 않고 코치도 없이 가장 낮은 15m 스키 점프대에서 혼자 연습을 시작한다.

무턱대고 훈련하던 에디에게 운명처럼 한 귀인이 나타난다. 그는 미국의 스키점프 주니어 챔피언 출신이다. 이른바 '게으른 천재'에 속하는 선수였다. 촉망받는 선수로 생활하던 중 자기관리에 실패해 미국 대표팀에서 퇴출당하고 지금은 동계 훈련장 시설 관리자로 일하고 있었다. 이 사실을 알게 된 에디는 그를 그림자처럼 따라다니며 스키점프의 비법을 알려달라고 매달린다. 처음에는 거들떠보지도 않던 그는 에디의 순수한 열정을 알아가며 마음을 열고 코치를 맡기로 한다.

우리는 살아가면서 인생에 중요한 귀인을 만날 때가 있다. '의미 있는 타자•'라고도 하는데, 이런 귀인을 만나고도 우리는 바로 알아차리지 못할 때가 있다. 하루하루 우연처럼 스치고 반복되는 인연들 속에 에디는 그대로 스쳐 지나갈 수 있었던 인연을 필연으로 만들었다. '의미 있는 타자'를 알아보는 눈은 에디처럼 분명한 목표 의식과 간절함에서 나오는 것은 아닌지 생각해 보게 된다.

마음을 조금씩 열어가는 코치에게 에디는 어렸을 적의 일화들을 이야기한다. 본인의 무릎이 온전치 못했기 때문에 의사들은 본인에게 운동과는 거리가 먼 삶을 살아가야 한다는 말을 했다고 털어놓는다. 올림픽 참가를 인생에서 가장 중요하게 생각했던 에디에게 얼마나 상처가 되는 말이었는지, 에디는 설움에 찬 표정으로 이렇게 이야기한다. "의사가 틀렸다는 걸 꼭 증명하고 싶었어요." 그리고 이어서 묻는다. "이런 내가 미친 건가요?" 코치의 대답은 간단명료하다. "완전히 미쳤지. 하지만 스키점프는 미쳐야만 할 수 있는 종목이잖아." 이 둘은 그렇게 조금씩 가까워지며 서로에게 도움을 주고받는 관계로 발전한다.

어떤 선택을 반대하거나 조롱하는 이들이 생겨날 때, 누구나 자

• '의미 있는 타자(Significant Other)'는 사회학과 심리학에서 사용되는 용어다. 이는 개인의 사회화와 자아 형성에 중요한 영향을 주는 사람을 지칭한다. 예를 들면, 아동의 성장 과정에서 상호작용하는 부모, 교사, 또래가 이에 해당한다.

신의 선택이 옳았음을 증명하고 싶어한다. 한편으로는 증명하지 못할 수도 있다는 두려움도 양립하겠지만, 에디로서는 자신의 의지력을 보여줄 기회이기도 했다. 에디는 정말 '미쳐야만 할 수 있는' 스키점프를 택해 자신답게 상황을 돌파해 나간다.

'중꺾마' 정신으로 훈련에 임하고, 각종 대회에 문을 두드린 결과, 에디는 공식 대회 61m라는 기록을 가진다. 영국 스키연맹에서 61m 이상의 기록이 있어야 올림픽 참가 자격을 준다고 했으니, 비로소 동계올림픽에 참가할 자격을 얻게 된 것이다. 기적과도 같은 일이었다. 본인의 선택이 옳았음을 증명했다고 생각하고 자랑스럽게 생각했던 에디는 이 소식을 전하면 주변 사람들이 모두 기뻐할 것이라고 예상했다. 하지만 옆에서 본인을 돕던 코치는 달갑지 않은 표정으로 올림픽 참가를 오히려 만류하고 나선다. 본인의 참가를 막는 코치의 행동에 에디는 적잖게 당황하게 된다. 코치의 주장은 이랬다. 지금의 기록으로 대회에 참가한다 한들 웃음거리만 될 것이기에, 4년 후 다음 올림픽을 준비해서 참가하자. 그러나 에디는 올림픽 출전 자체가 자신의 인생 목표이고, 다른 사람들의 조롱에는 개의치 않겠다는 단호한 생각을 밝힌다. 코치는 그러면 혼자 나가라고 말하고, 에디는 결국 코치도 없이 혼자서 1988년 캐나다 캘거리 동계올림픽에 출전하게 된다.

영화에 짧게 묘사돼 있지만, 영국의 올림픽 대표 선수단 안에서도 에디의 올림픽 출전을 못마땅하게 생각하는 선수들이 있었다. 에디는 누가 봐도 선수의 아우라가 없었다. 외모도 행동도 어리바리해서 영국 올림픽 대표 선수단 전체의 위상을 깎아내릴 수 있다는 게 이유였다. 올림픽 참가 자격을 획득하면 반대했던 사람들도 조금은 자신을 인정해 줄 것이라 기대했지만, 오히려 더 큰 반대에 부딪힌 셈이다. 이런 상황에서도 에디는 의지를 잃지 않고 외톨이가 되는 부담을 안고서라도 올림픽에 참가하겠다며 결단한다. 그렇게 그는 캐나다로 날아가 대회에 참가한다.

고대하던 대회 당일, 에디의 기록은 60.5m로 꼴찌였지만 당시 스키점프의 불모지인 영국 역사상 첫 기록이자 신기록 타이틀이란 사실은 변함없었다. 에디는 마치 우승이라도 한 것처럼 방방 뛰고 춤을 추며 기뻐했다. 처음에는 이런 행동에 어이없어하던 관중들은 그의 순수함에 인간적 매력을 느끼게 된다. 그러며 대중의 큰 인기를 누리는, 소위 일약 스타가 된다. 에디는 대중의 큰 관심에 기쁨을 누리며 들떴지만 "운동선수로서 관심을 받은 게 아니라, 일종의 광대와 같이 구경거리가 됐을 뿐이야. 90m 경기가 시작되면 대중의 관심 밖으로 멀어질 거라고."라는 코치의 반응에 에디는 무거운 침묵에 잠긴다. 반박할 수 없는 사실이었기 때문이다.

에디는 고심 끝에 결단을 내려 90m 대회 출전을 선언한다. 에디는 90m 출발대에는 서 본 적도 없었다. 그리고 강행한 90m 점프에서 위태위태하게나마 경기에 완수하게 된다. 물론 기록은 꼴찌였지만, 역시나 춤을 추고 소리를 지르며 좋아하는 에디의 모습에 모든 관중은 함성을 터트렸다. 타인과의 대결을 통해서 상대적 우위에 서는 것이 대회 참가의 목표였던 여느 선수와는 다른 에디의 행동들이 사람들에게 울림을 줬기 때문이다.

이번 대회에서 타인과의 경쟁에서 우위에 서는 것이 아닌 자신과의 기록을 경신하고자 한 선수가 두 명이 있었다. 바로 스키점프 세계 랭킹 1위 선수와 본 대회 독보적 꼴찌인 에디였다. 이 두 선수는 타인과의 경쟁이 무의미했기에 자기 자신과의 싸움을 하게 된 상황이었다. 스포츠 심리학에서 높은 성취동기를 가진 선수들의 특징 중 하나는 이것이다. 경기의 외부 요인에서 결과의 원인을 찾는 것이 아니라 내부요인에서 결과의 원인을 찾고, 타인과의 비교보다는 과거의 나보다 더 나은 경기력을 보이면 만족하는 선수들이 높은 성취동기를 가지게 된다.

2등을 하고도 실망하여 울음을 터트리는 선수와 대조적인 모습을 보이는 그의 순수한 열정과 긍정적인 태도는 그를 올림픽 최고의 스타로 만든다. 영화는 에디의 도전과 노력이 진정한 승리라는 메시지를 전달하며 마무리된다.

이 영화를 처음 감상하면서 과연 올림픽 출전 자체를 목표로 두는 것이 옳은 판단이었는지 고민했었다. 꺾이지 않는 마음으로 결국 역사에 독수리 에디라는 이름을 각인시켰지만, 누군가의 간절한 무대가 그저 개인적인 꿈을 성취하는 곳으로 의미를 달리하게 되는 것은 아닌지 우려되었다. 체계도 없이 운동을 시작해도 성공할 수 있다는 위험한 메시지를 대중에게 공유할 수도 있으니 본 영화의 메시지에 조심스러운 접근이 필요하다고 생각했다. 현시점에서는 에디처럼 무모하게 도전한다고 누구나 올림픽에 참가할 수는 없기 때문이다.

그럼에도 불구하고 에디의 삶이 우리에게 주는 교훈은 특별한 무언가가 있다. 우리는 살아가면서 자신의 인생을 걸 만한 목표를 찾기 쉽지 않다. 혹 그런 일을 찾더라도 인생 전부를 걸고, 비난을 받더라도 용기 있게, 무모하게 부딪혀 보는 삶을 살아내는 것은 매우 어려운 일이다. 그런 면에서 어릴 적부터 꿈을 향해 초지일관 열정을 불태우는 에디의 삶은 작은 일에도 실망하고 낙심하며 하루를 살아가는 이에게 귀감이 된다.

스포츠가 드라마라면, 그 드라마를 많은 관중들이 함께 지켜보는 것은 올림픽의 큰 매력이다. 미미한 존재감을 창대하게 만든 에디의 드라마는 국제올림픽위원회를 창설한 피에르 드 쿠베르탱의 말과 가장 맞닿은 이야기처럼 들린다. 이 말은 영화의 마지막을 장식하기도 한다. ‘올림픽의 의의는 승리가 아닌 참여에 있고, 인생에서 중요한 것은 성공이 아닌 노력이다.’

데이터 야구의 새로운 세계, 그 선택을 확신하는 리더십

머니볼

“중요한 것은 우리가 우리의 방식에 믿음이 있는가야.”

*

*

필자는 중재자의 역할을 자처하며, 갈등의 순간마다 "좋은 게 좋은 거야."라고 되뇌는 체육 교사다. 가끔은 이런 원만한 접근 방식에 의문이 들기도 하지만, 대체로 합당하다고 여기며 지내는 편이다. 반면, 필자와는 전혀 다른 길을 걷는 후배가 있다. 그는 중학교 펜싱부 감독이자 도쿄 올림픽 금메달리스트의 스승이다. 그의 방법은 단호하고 목표지향적이다. "펜싱부를 위해서는 최고만을 추구해야 한다"는 신념 아래, 학교 관리자나 펜싱협회 심지어 동료 교사와 부딪힌다 해도 주저하지 않는다. 그를 보며 때로는 양보하지 않는 신념과 결단력이 필요하다는 것을 깨닫는다.

삶은 끊임없는 선택의 연속이다. 그러나 리더십에서 선택보다 더 중요한 것이 있다. 그것은 자신의 선택을 후회하지 않고 최선으로 이끌어나가는 능력이다. 그 능력을 갖춘 사람들은 그 어떤 장애물 앞에서도 물러서지 않고, 특유의 결단력과 추진력으로 세상을 자신의 의도대로 바꾸어나간다. 이런 인물 중 하나가 이 영화의 주인공인 메이저리그 오클랜드 애슬레틱스의 단장 빌리 빈(Billy Beane)이다. 〈머니볼Moneyball•〉(2011)은 1962년 출생한 빌리 빈이 야구계의 구태의연한 방식을 버리고 통계에

• 야구에서 머니볼은 불공정한 게임을 승리로 이끌기 위해 수학적 및 통계적으로 분석한 바에 따라 선수와 팀을 운영하는 방식을 뜻한다. 타율보다 출루율을 더 중요시하는 아이디어로, 경제학적 원리를 빌려와 최소한의 자본으로 최대의 이득을 얻을 수 있도록 한 개념이다.

기반을 두어 팀을 혁신적으로 이끈 실제 이야기를 담고 있다. 그의 방식은 수많은 비판과 비난에 부딪힌다. 그러나 그는 자신의 선택에 믿음을 갖고 위기에 당당하게 맞서며 극복해 나간다. 그의 삶은 진정한 리더십을 가진 사람이 어떻게 자신의 선택을 옳게 만들어 나가는지를 분명하게 보여준다.

빌리가 이끄는 '애슬레틱스'는 메이저리그 소속임에도 만성적인 재정적 어려움에 시달리는 팀이다. 매 시즌 경쟁력 있는 선수들을 다른 구단에 넘겨야 했을 뿐 아니라 팀의 경기력은 오합지졸이다. 이러한 환경에서 팀을 이끄는 빌리의 고민은 매우 깊다. 구단주에게 선수 영입을 위해 추가 자금을 요청하지만 구단주는 그의 요청을 거부한다. 구단의 열악한 상황뿐 아니라 빌리를 힘들게 하는 또 다른 문제는 반복되는 스카우터들과의 지루하고 진부한 회의였다. 스카우터들은 오랜 경험을 바탕으로 야구를 이해하는 전문가들이었다. 그러나 빌리는 사람의 경험과 직감에 의존해 선수를 분석하는 그들의 방식이 마음에 들지 않았다.

어느 날, 빌리는 팀의 단장으로서 선수 트레이드를 위해 다른 구단을 찾아간다. 그러나 회의 도중, 상대 구단 단장에게 지속적으로 조언을 건네는 한 참모 때문에 트레이드가 성사되질 않는다. 이 상황을 매우 호기심 있게 바라보던 빌리는 회의가 끝나자마자 해당 참모를 찾아간다. 그의 이름은 피터 브랜드다. 놀랍게도 그는 야구가 아닌 예일대학교 경제학과에서 통계학을 공부한 통계전문가였다. 처음에는 당황하며 소극적으로만 대응하던 피터는 빌리의 적극적인 관심에 자신의 야구 철학을 털어놓는다. "다들 야구라는 스포츠를 오해하고 있어요. 그래서 선수를 오판하고 팀을 잘못 이끌고 있죠. 중요한 것은 선수가 아닌 승리를 사는 거예요. 야구계는 구태의연한 사고방식에 빠져 있어요!" 피터의 말은 빌리에게 충격과 영감을 동시에 준다. 잠깐의 생각 끝에 빌리는 피터에게 같이 일해 볼 것을 제안한다. 비록 다른 팀의 단장이지만 평소에 빌리를 존경하던 피터 역시 이 제안을 흔쾌히 받아들인다.

빌리는 가장 먼저 팀의 예산을 알려주며 예산 내에서 최고의 선수를 찾아줄 것을 피터에게 요청한다. 피터는 자신이 개발한 프로그램으로 선수를 분석하여 3명의 선수를 추천한다. 문제는 피터가 추천한 선수들이 메이저리그에서 퇴물로 여겨지거나 사생활 문제 등으로 매우 부정적인 평가를 받는 선수들이란 점이었다. 직감에 의존하는 전통적인 선수 분석 방식을 불신했던 빌리는 이 추천을 받아들인다. 빌리는 스카우터들에게 피터가 분석한 선수 3명의 영입 건을 알리지만, 기량을 문제 삼는 격렬한 반대에 직면한다. 그러나 빌리는 자신의 결정에 확신이 있기에 강한 반발에도 불구하고 단장의 직권을 활용해 강행한다.

팀의 부진한 성적, 끝없이 쏟아지는 불신, 감독, 스카우터와의 갈등, 사람들에게 하염없이 설명해야 하는 우여곡절 끝에 팀은 새로운 활력을 찾고 점차 승리의 전환점을 가져온다. "딴 팀이 우승하면 그것도 좋지만, 우리 같은 가난한 구단이 우승하면 변화를 일으킬 수 있어." 결국, 빌리가 재건한 팀은 조금씩 성적을 내더니 승리의 기세가 눈덩이처럼 불어나 메이저리그에서 전례 없는 20연승의 달성을 눈앞에 두게 된다. 마지막 경기, 9회 말 동점 상황에서 데이터 기반으로 영입한 선수가 끝내기 홈런을 만들어내며 야구 역사에 전환점을 만든다.

빌리는 오늘날까지 오클랜드 애슬레틱스에서 팀을 운영하고 있다. 그는 머니볼 이론으로 야구계의 전통적이고 구태의연한 방식을 타파했다. 또한 과학적 데이터에 기반한 '세이버메트릭스(Sabermetrics)' 라는 방법론을 도입한 인물로 메이저리그 역사에 기록된다.

"중요한 것은 우리가 우리의 방식에 믿음을 가지고 있는가야." 영화 중간에 빌리가 피터에게 하는 말이다. 이 영화의 핵심을 담고 있는 대사다. "오랫동안 몸담아 왔기 때문에 딱 보면 안다"는 기득권의 사고방식과 "안 될 것"이라는 선입견에 맞서며, 자신의 선택에 굳건한 믿음을 가지고 추진해 나가는 용기, 역사가 아주 긴데다 규칙이 견고한 스포츠임에도 새로운 시각과 아이디어를 제시하는 혁신, 그리고 그 모든 것을 유연하게 조합하여 최소한의 비용으로 최대의 결과를 낳는 빌리의 방식은 이 시대 우리에게 필요한 리더십을 잘 보여준다.

세상의 차별과 맞선 아버지와 딸의 눈부신 도전

"금메달은 누가 따도 금메달인데.
남자가 따든, 여자가 따든."

*

*

우리는 '스포츠'에서 흔히 땀과 도전, 경쟁, 힘과 쟁취 등의 단어를 떠올린다. 하지만 결국 스포츠도 인간이 하는 것. 그 안에 사랑이 빠질 리 없다. 영화 〈당갈Dangal〉(2016)은 인도의 레슬링 영웅 이야기를 다루지만, 처음부터 끝까지 가족의 사랑을 이야기한다.

'당갈'은 힌디어로 레슬링을 뜻한다. 레슬링은 남자의 운동이고, 여자는 할 수 없는 것. 어쩌면 여자는 레슬링뿐만 아니라 운동 자체를 해서는 안 되는 부류. 이런 의식이 내내 자리 잡고 있던 인도에서 이 이야기는 대대적인 화제가 되었다.

오래전 유망한 레슬링 선수로 승승장구했던 아버지. 어려운 집안 형편에 돈이 되는 일을 찾기 위해 레슬링을 그만두었던 씁쓸한 과거를 뒤로하고 현재를 살아가고 있지만, 여전히 레슬링을 잊을 수 없다. 만삭의 아내는 이런 남편을 위로하고, 곧 태어날 아들이 대신 이루어낼 것이라며 자신한다. 하지만 아기의 성별은 딸. 아쉬운 마음을 뒤로하고 아들을 낳기 위해 애를 쓰지만 계속 딸을 낳게 되면서 아들에 대한 희망과 함께 자신의 꿈도 버리게 된다. 그것은 줄줄이 태어난 아이들이 단지 여자이기 때문이 아니라, 여자는 레슬링 선수가 될 수 없다는 사회의 견고한 편견에 대한 의식 때문이다. 하지만 그 생각을 깨는 순간, 인도의 스포츠 역사도 새롭게 시작한다. "금메달은 누가 따도 금메달인데. 남자가 따든, 여자가 따든." 아버지는 딸들에게 레슬링을 시키겠다고 선언한다.

끊임없는 고강도 훈련과 체중 조절을 하느라 맛있는 음식은 먹지도 못하게 된 딸들은 아빠를 원망하게 된다. 아버지는 레슬링 훈련에 녹초가 되어 잠이 든 두 딸을 안쓰럽게 바라보지만, 날이 밝으면 다시 코치의 마음으로 돌아가 맹훈련을 이어간다. 사람들은 이런 아버지를 보고 미쳤다며 혀를 찼고, 딸들도 학교에서 놀림을 받는다. 결혼하는 친구에게 그동안 쌓였던 아버지에 대한 서운한 마음을 털어놓지만, 오히려 친구는 부럽다고 밝힌다. "집안일만 시키다가 열네 살이 됐을 때 난생 처음 보는 남자에게 시집 보내는 아버지보다, 온 세상의 시선과 비웃음을 참으며 싸우고 있는 네 아버지가 진정으로 너희를 사랑하는 거야. 너희 미래와 인생을 너희에게 주는 거잖아." 친구의 말에 각성한 두 딸은 다음 날부터 훈련에 진심으로 돌입한다. 마음에서 우러나 하는 진짜 훈련이 시작되자 실력은 급속도로 늘어서 남자 선수도 쉽게 이길 정도가 된다.

아버지의 열정과 딸들의 피나는 노력은 이들을 점점 뛰어난 선수로 성장시킨다. 시간이 흘러 언니는 시니어 선수가 되고 실력이 뛰어난 선수로 인정을 받는다. 이제는 어느덧 언니의 전국 챔피언 소식에 온 마을이 축제를 열고 그녀의 가족을 환영한다.

아버지는 매년 바뀌는 전국 챔피언이 아닌 조국 인도를 위해 메달을 따는 더 큰 꿈을 이루는 날을 고대한다. 그 과정에서 부녀간의 갈등이 극에 치닫지만, 아버지만큼 유능하면서도 자기를 위해 주는 스승이 없다는 것을 깨우친 후 최선을 다해 훈련에 임한다. 영연방 대회의 첫 경기를 앞두고 딸이 아버지에게 결승전 전략을 묻자, 사람들이 기억할 수 있도록 금메달을 따는 것이 전략이라면서, 꼭 승리하여 인도의 아이들에게 희망을 주자고 말한다. 그 이야기는 딸에게 하는 말이기도 했다. 딸은 인도 전체의 여자아이들이 자연스럽게 운동하는 모습을 꿈꾼다.

드디어 결승전 당일. 몇 초를 남기지 않은 상황에서 상대 선수를 시원하게 한 바퀴 넘겨버려 5점을 획득한다. 경기는 종료되고 최종 점수 6:5로 영연방 대회에서 금메달을 딴 최초의 인도 여성 레슬링 선수가 된다. 인도와 인도 여성의 영웅이 된 딸은 아버지에게 금빛 메달을 건넨다. 다시 딸의 목에 금메달을 걸어주며 아버지는 감격한다. "네가 정말 자랑스럽다!" 인도의 작은 시골 마을에서 지핀 조그만 불꽃은 인도를 울리고, 세계를 감동하게 했다.

한 나라와 세상을 뒤흔든 이 실화를 보고 있자니 이들에게는 사실 거창한 목표나 의도가 있지는 않은 듯했다. 그저 레슬링을 좋아했고, 무엇보다 딸들을 가슴 깊이 사랑했던 아버지와 그의 마음을 헤아린 착한 딸들의 이야기일 뿐이었다. 영화가 끝난 뒤에도 머릿속에 남아있는 장면은 "내 딸은 남자의 선택을 받는 게 아니라, 자기가 직접 선택하도록 할 거야."라며 운동뿐 아니라 딸들의 인생도 스스로 개척하게 하는 아버지의 사랑, 그 모습이었다.

어린 주인공들이 레슬링을 시작한 이유가 정말 본인들의 선택이었나 하는 의아함은 가시지 않지만, 이런 아버지의 희생과 헌신을 보며 대중에게 익히 알려진 우리나라 김연아 선수의 일화가 떠오른다. 아이가 어디에 흥미를 느끼고 몰입하는지 어렸을 때부터 잘 지켜봐야 한다고 말한 박미희 씨는 딸을 분석하고, 또 분석하며 스스로 '극성 엄마'를 자처했다. 자신의 일상을 포기한 채, 딸과 하루 24시간을 함께 보내고, 무언가 잘못하면 빙상장을 100바퀴 돌게 하는 등 독하게, 아이의 꿈에 날개를 달아주었다. 김연아 선수가 모든 환경을 이겨내고 세계 최고가 되기까지는 딸을 위한 뒷바라지에만 매달렸던 어머니의 땀이 있었다.

손흥민 선수의 아버지 또한 마찬가지다. 아버지가 축구 지도자인 덕에 손흥민은 유소년 시절부터 기본기를 철저히 갈고닦고 세계 리그를 호령하는 선수로 성장하게 된다. 세계 어느 선수와 견주어도 뒤지지 않는 실력만큼이나 훌륭한 인성은 그를 더욱 빛나게 한다. 이것 역시 어떤 순간에도 자만하지 않고, 감사한

마음으로 겸손하도록 가르친 아버지의 교육 덕분이다. "손흥민은 혜성처럼 나타난 것이 아니다."라는 말처럼, 모든 것은 한순간에 이루어지지 않는다. 끊임없는 인내와 노력이 만들어 낸 결과다. 그리고 그것은 절대 혼자서 이룰 수 없다. 함께 희생하는 가족, 도와주는 주변 사람들의 성원 덕에 비로소 한 명의 아이가 그러한 선수로, 성인으로 성장하게 된다.

필자도 어릴 적 체육 시간을 좋아하는 여학생이었다. 방과 후에는 친구들과 야구를 했고, 주말에는 친구들이 팽이 놀이를 하자고 집으로 찾아왔다. 동네에서 자전거 시합을 즐겼고, 때로는 혼자 야구공 멀리 던지기나 농구 레이업 슛을 연습하곤 했다. 그런 모든 것이 가능했던 것은, 나와 함께 놀았던 많은 친구가 남자였음에도 나를 여자라고 무시하거나 따돌리지 않고 자연스럽게 함께 어울리는 친구로 인식했기 때문이었다. 그것도 친구를 향한 사랑이었을 것이다. 그렇게 자라서 체육 교사가 되고 싶다고 했을 때, 나의 부모님은 하고 싶은 것을 하라며 응원해 주셨다. 생각해 보니 나와 함께 스포츠를 즐겼던 친구들 이전에 나를 야구장과 농구장에 데려가고, 저녁에는 철봉이며 배드민턴 같은 운동을 함께 한 아버지가 계셨다.

이쯤 되니 이런 생각이 든다. 결국, 스포츠는 사랑이구나. 스포츠는 사람을, 인생을, 세상을 바꾸는구나.

하나 되어 거둔 땀과 눈물의 금메달

코리아

"그래도 우리는 같이 치고 싶습니다."

영화 〈코리아〉(2012)는 탁구라는 스포츠를 매개로 갈등을 해결할 수 있는 하나의 실마리를 보여준다. 한반도 분단 46년 만에 남북 최초 스포츠 단일팀을 구성하여 45일을 함께 훈련하고 대회에 출전했던 코리아팀의 실화를 바탕으로 구성되었다. 그간 남북은 이런저런 정치적 어려움이 계속되었지만, 그래도 한쪽에서는 평화를 향한 노력이 꾸준히 이어져 왔다. 복잡한 국제 정세 속에서 남과 북이 직접 만나 신뢰를 쌓는 '관계' 없이 통일을 이루기는 언감생심일 것이다. 스포츠는 단순히 신체 활동을 넘어 관계와 정서적 유대를 만들어내는 강력한 기제가 될 수 있다. 남북한 대표팀이 탁구를 통해 서로를 이해하고 공감하는 과정을 함께 살펴보자.

영화는 1990년 북경 아시안 게임의 탁구 준결승 장면을 보여주며 당시 세계 랭킹 5위인 대한민국의 '현정화'와 세계 랭킹 3위인 북한의 '리분희'의 긴장된 만남으로 시작한다. 당시 이들의 경기는 시대적인 분위기를 반영한 '전쟁'과도 같았다. 치열한 접전 끝에 리분희를 이기고 결승에 진출한 현정화는 세계 랭킹 1위인 중국에 패해 은메달에 머문다. 경기 후 리분희는 "죽을 것 같이 치더니 겨우 은메달이가?"라며 현정화를 도발하고, 현정화도 "축하해, 동메달."이라며 맞받아친다. 두 선수의 긴장감은 당시 남북한의 관계를 상징적으로 보여준다.

일본에서 열리는 세계선수권 대회가 다가오자 현정화는 태릉선수촌에 입소한다. 이때 갑자기 TV 뉴스를 통해 전해진 남북한 단일팀 구성 소식에 깜짝 놀란 현정화는 감독에게 달려가 강하게 항의한다. "지금까지 함께해 온 선수들과의 호흡은 어떡하나요?" 그렇지만 결국은 어쩔 수 없이 이 상황을 받아들여야만 한다.

갑작스럽게 구성된 단일팀은 일본 지바에 모여 어색하게 훈련을 시작한다. 특히나 라이벌 관계인 현정화와 리분희 사이의 긴장감은 다른 선수들에 비해 더욱 팽팽하다. 정치적 목적에 의해 갑자기 구성되기는 했지만, 단일팀이라고 하기엔 아직도 거리가 멀다. 감독은 북쪽이고 코치는 남쪽이다. 선수들은 식사 자리도, 버스 자리도 각각 따로다. 사소한 일에서도 대립의 연속을 보여준다. 감독과 코치는 단체전 우승이라는 하나의 목표를 제시하고 진정한 팀워크를 갖추기 위해 식사 자리, 버스 자리도 남북이 함께 앉도록 바꾸는 등 가까워지기 위한 적극적인 노력을 기울인다.

현정화씨의 최근 인터뷰•를 보면 실제로 좁은 버스 안에서 가장 많이 웃고 농담하며 친해졌다는 일화를 소개하기도 한다. 스

• YTN2(2020. 7. 17.). YTN 라이프 그 때 그 시절 비하인드 스토리. YTN 유튜브 채널.

포츠 사회학에서는 공간적 거리라는 개념이 있다. 이는 스포츠 참여자가 다른 참여자들과 물리적으로 떨어져 있는 정도를 의미한다. 예를 들면, 버스, 식당, 라커 룸의 자리 배치 등이다. 공간적 거리는 스포츠 활동에서 상호작용을 촉진하는 요인으로 작용할 수 있으며, 이를 조절하여 참여자들 간의 관계를 개선하거나 강화할 수 있다. 쉽게 말해 사소한 것부터 가까워져야 실질적으로 가까워질 수 있다는 것을 의미한다.

날을 세우고 적대시하던 선수들은 서로에게 조금씩 마음을 연다. 첫 국제무대를 앞두고 긴장하여 제 실력을 발휘하지 못하는 어린 선수를 따뜻하게 위로하기도 하고, 내밀한 가족의 이야기, 속마음을 나누며 관계는 열려간다. 사람이 살아가는 모양과 상황은 다르지만 결국 느끼는 감정과 마음에는 비슷한 부분이 많다. 이것을 서로 듣고 공감할 때 관계는 견고해진다.

학교에서도 체육행사를 통해 이런 상황을 자주 목격한다. 체육대회를 치르는 과정은 단순히 타이틀, 성취의 이야기가 아니다. 이 영화처럼 아이들의 발단-전개-위기-절정-결말 그 흐름을 지켜보는 것은 교사로서의 삶에서 자괴감, 책임감, 그리고 성취감을 느끼게 한다. 하나의 목표, 하나의 유니폼, 좁디좁은 우리반 돗자리, 길게 늘어서 함께 잡은 밧줄 안에서 학생들은 갈등하고 해소하며 울고 웃는다.

한편, 선수단을 일일이 감시하고 있던 북한 정보요원은 꼬투리를 잡아 북한 선수단에 대대적인 압력을 가하고 출전 대신에 각자의 방에서 대기할 것을 지시한다. 느닷없이 구성되었던 단일팀은 결승전을 눈앞에 두고 그렇게 갑자기 해체되어 남한 선수만 남게 되었다. 현정화와 남한 선수들은 북측 감독의 창문 앞에서 무릎을 꿇고 간절함을 담아 요청한다. "탁구 하나 같이 친다고 하나가 되는 것은 아니지만, 그래도 우리는 같이 치고 싶습니다!" 우여곡절 끝에 결승전에 함께 나가게 된 코리아 팀은 치열한 접전 끝에 중국의 9연승 기록을 꺾고 꿈에 그리던 금메달을 목에 걸게 된다. 현정화씨의 인터뷰에 따르면 결승에서 만난 상대는 그때까지 단 한 번도 이겨보지 못한 선수였으며 그 승리에서 분명 실력, 그 이상의 힘을 느꼈다고 한다. 시상대 위에서 한반도 깃발이 올라갈 때 함께 아리랑을 부르던 선수와 이를 지켜보던 한민족이 함께 흘린 눈물은 어떤 의미를 담고 있었을까?

남북한 단일팀의 역사는 오랜 시간을 거슬러 올라간다. 처음 시도된 것은 1964년 도쿄 올림픽이었지만 실패에 그치게 되었고•, 실제로 첫 단일팀이 구성된 것은 영화 〈코리아〉의 배경이 되는 1991년 세계 탁구 선수권 대회와 1991년 포르투갈에서 열린 제6회 세계 청소년 축구 선수권 대회에서였다. 이후 중단과 재개 등을 거치면서 최근에는 2022년 항저우 아시안 게임

탁구 여자복식에 참가하는 등 국제 대회의 여러 종목에 걸쳐 단일팀의 이야기를 이어가고 있다.

1991년 지바에서 있었던 이 이야기는 스포츠가 어떻게 사람들의 갈등을 해결하며 서로를 이해하게 하고 하나 되게 할 수 있는지 명확히 보여준다. 함께 흘린 그 눈물은 한민족의 정체성을 확인하는 계기가 되었고, 한반도의 화합과 평화를 위한 남북관계 개선에 견인차 역할을 했다••. 단일팀의 기적은 어려운 여건 속에서 남북의 접점을 찾으며 분단된 한반도에 희망의 메시지를 전달한 역사적 사건이었다. 견디기 힘든 어색함과 첨예한 갈등에도 불구하고 우리는 함께 관계를 맺고 다시 하나가 될 수 있다는 희망을 품게 한다.

스포츠 교류는 분명 갈등 해결의 실마리가 될 수 있다. 스포츠를 함께 즐기는 것만으로 하나가 되는 것은 아니지만, 국제 정치의 복잡한 상황 속에서 공동의 활동은 정말 중요한 의미를 지닌다. 앞서 통일을 이루어낸 독일에서 스포츠 교류는 통일에 직접적인 영향보다는 양독 주민들 간 이질화 경감과 적대감 해소

• 김재우(2013). 1964년 동경올림픽대회 남북단일팀 구성을 위한 제 2차 홍콩 체육회담에 관한 연구. 한국체육학회지, 52(6), 1-9.

•• 하숙례(2020). 한반도 평화를 위한 남북교류수단으로서 남북단일팀의 활용가치, 지속가능성과 활성화 방안 연구. 한국스포츠학회, 18(3), 1007-1019.

그리고 서로를 이해하는 데 중요한 단초를 제공했다는 것을 확인할 수 있다•. 독일의 경험은 스포츠 교류가 민족의 화합에 실질적으로 기여할 수 있고, 궁극적으로는 통일까지 이른다는 사실을 보여준다. 비록 스포츠가 정치의 하위영역에 머물지만, 스포츠 교류를 지속해야 할 이유가 바로 여기에 있다••.

남북한 단일 탁구 팀의 선수들의 이야기는 우리의 마음을 여러 가지 의미로 먹먹하게 한다. "그렇게 빨리 친해질 줄 몰랐다. 그리고 이렇게 오랫동안 못 만날지 몰랐다. 꼭 한번 만나보고 싶다."•••

• 김미숙, 송병록(2013). 통일 독일 전 동 · 서독 스포츠교류사. 한국체육사학회지, 18(2), 75-88.

•• 송병록(2004). 스포츠와 정치: 동 · 서독 스포츠 교류가 남 · 북한 통합에 주는 함의. 한독사회과학논총, 14(2), 131-151.

••• 김효정(2022. 6. 3). '꼬꼬무' 최초 남북 단일팀, "이렇게 오랫동안 못 만날지 몰랐다..보고 싶고 그리워". SBS 연예뉴스

져야지만 인간성을 되찾는 아이러니

보리 vs 매켄로

"사람들이 나에게 더 기대하는 것은 어쩌면 나의…"

스포츠 스타는 항상 대중의 관심을 받는다. 스타들 간에 라이벌 관계가 형성되면 세간의 관심은 배가 되고 작은 가십거리도 상품성을 갖는다. 라이벌 구도는 스포츠의 흥행에도 크게 영향을 미치는 중요한 부분이기도 하다. 〈보리 vs 매켄로Borg/McEnroe〉는 시대의 라이벌이었던 두 선수를 소재로 한 영화이다. 하지만 이 영화는 두 라이벌 간의 대결에 주목하지 않고 있다. 영화의 영어 제목은 대립적 느낌을 주는 'Borg vs McEnroe'이지만, 원제 'Borg/McEnroe'에서 엿볼 수 있듯이 선수로서 똑같이 느끼는 긴장감을 어떻게든 극복하고자 애쓰고, 이를 통해서 선수로서 성장하고 보다 나은 사람으로 성숙해 가는 모습에 초점을 맞춘다.

자세히 얘기해볼까? 일대일 대결 구도가 자연스러운 네트 경기의 대표 종목인 테니스 영화에서 이런 시도를 했다는 것은 매우 흥미롭다. 네트 운동이라 할 수 있는 테니스, 탁구, 배드민턴 같은 경기들은 네트를 사이에 두고 찰나의 순간에 상당히 많은 수 싸움이 진행된다. 선수들 간의 실력 차이는 수 싸움에 달렸다 해도 과언은 아닐 정도로 중요하다. 서브를 넣는 것에서부터 엄청난 심리전이 시작되는데, 위에서 말했듯 이 영화의 초점은 그런 대결 구도에 있지 않다.

스포츠 영화임에도 불구하고 중계화면 같은 영상이 많이 나오지 않는 이유다. 나온다고 하더라도 경기 전체의 흐름을 보여주기보다 선수 각각의 얼굴을 클로즈업하여 시합에 임하는 두 주인공의 내면을 담아내려는 노력이 곳곳에 숨어있다. 서문에서 이야기했듯 그들이 마주한 심리적 부담과 극복의 과정을 하이퍼리얼리즘으로 보여주는데, 이 영화의 감독은 어떤 의도로 화면 구도를 설정했고, 왜 라이벌 선수의 심리를 다루었을까? 영화 속으로 들어가 보자.

영화는 방송 부스 안에서 담배를 피우며 테니스 중계를 하는 캐스터와 해설자의 모습으로 시작한다. 1980년의 시대상을 단적으로 보여주는 장면이다. 당시 런던의 남서부 윔블던에서 진행되는 테니스 선수권 대회는 많은 이들의 이목을 집중시켰다. 한 번의 우승도 쉽지 않은 대회에서 이미 4연속 우승을 거둔 세계 랭킹 1위 '비외른 보리'와 떠오르는 신예 세계 랭킹 2위 '존 매켄로'의 맞대결은 세간의 이슈였다. 과거에는 골프나 다른 스포츠의 저변이 넓지 못했기에 상대적으로 테니스의 인기는 더 높은 위치에 있었다. 그런 종목의 세계적 권위의 대회에서 세계 랭킹 1, 2위의 싸움에 세간의 관심이 집중된 것은 당연했다.

보리와 매켄로는 둘 다 좋은 능력을 가지고 있지만 상반되는 특징을 보인다. 보리는 '얼음'같은 선수다. 마치 '테니스 치는 기계'와 같다는 평을 듣는데 그만큼 감정에 휘둘리지 않고, 차갑게 평정심을 유지하며 한결같은 경기력을 가졌다. 시합 전에 라켓 50개를 직접 발로 밟아보며 장력을 꼼꼼하게 확인한 후 라켓을 선택할 정도로 꼼꼼하고 철저하다. 반면 매켄로는 '불'같은 선수다. 자유분방하며 솔직하고 매우 다혈질이다. 경기 중 판정에 불만이 생기면 심판에게 욕설을 쏟아 내거나, 상대 선수와 언쟁을 벌이는 등 자신의 감정을 있는 그대로 드러낸다. 기자들과도 욕 섞인 말싸움을 주고받은 전적이 있어 악동 이미지가 대중에게 각인되어 있다.

이렇게 다른 두 선수이지만, 이 대회를 통해 받은 심리적 압박은 비슷하다는 사실을 여러 부분에서 보여준다. 챔피언 자리를 지켜야 하는 보리는 본인이 우승자가 되는 것을 너무 당연하게 생각하는 세상의 시각에 대한 불만과 불안이 쌓여간다. 본인이 이룬 성과와 그동안의 노력보다, 이번 대회의 결과만으로 평가받아야 하는 상황이다. 그 때문에 극도로 예민해져서 주변 사람들과 평소 없었던 갈등을 빚기도 한다. 보리가 코치에게 하는 말을 보면 어떤 압박감에 시달리는지 알 수 있다. "이번 대회에서 우승하지 못한다면, 이전에 기록한 윔블던 4연속 우승은 사람들에게 잊히겠죠. 5연패에 실패했다는 것만 얘기할 거라고요. 사람들이 나에게 더 기대하는 것은 어쩌면 나의 패배일지도 몰라요." 이런 스트레스 때문일까? 보리는 첫 라운드에서 세계 랭킹 1위답지 않게 고전한다. 쉽게 이겨야 할 수준의 상대 선수에게 오히려 끌려가는 모습도 보여준다. 가까스로 승리를 따내 다음 라운드에 진출한다.

매켄로도 별반 다르지 않다. 윔블던 대회 직전 미국의 한 TV쇼에 출연하는데, 매켄로는 본인의 이야기가 아닌, 보리에 대해 계속 질문하는 진행자에게 화를 내고 욕까지 내뱉는다. 방송을 망쳐 버리고, 이 방송을 본 사람들은 매켄로에게 실망하게 된다. 아마 지금 같이 SNS가 발달한 시기였더라면, 수많은 악플에 시달려야 했을지도 모른다. 비호감의 인물이 된 매켄로는 대회에서 이기고도 야유를 받는 신세가 된다. 경기 후 기자들과 마찰을 일으키며 순탄하지 않은 대회 여정을 이어간다.

매켄로는 윔블던 대회 라운드를 올라가는 과정에서 오래전부터 알고 지낸 선수와 경기를 붙게 되고 그 경기에서 이기게 되는데, 상대 선수였던 친구는 매켄로에게 쓴소리를 한다. "너의 실력은 어느 대회에서 우승해도 이상하지 않을 만큼 훌륭해. 이 대회가 아니더라도 너는 곧 우승하게 되겠지. 그런데 말이야. 지금 자라나는 테니스 꿈나무 선수 가운데 너를 닮고 싶은 선수는 없을 거야! 왠지 알아? 20년 후 세상은 너에 대해 이렇게 떠들 거야. 경기에서 만나는 심판마다, 기자회견에서 만난 기자마다 들이받고 싸운 또라이!" 생각지도 못한 말을 들은 매켄로는 혼자 멍하니 앉아 깊은 생각에 잠긴다. 그러고는 눈물을 흘리는

데, 이를 계기로 뭔가를 깨닫고 조금씩 변하기 시작한다. 그는 테니스 실력뿐 아니라 인간적으로도 인정받고 싶어 하는 인물이 되어간다.

기질적으로 두 주인공은 거의 정반대의 모습을 가지고 있지만, 유명 선수로서 본인만이 짊어져야 하는 인간적인 고민과 부담, 고독함은 매우 닮아있다. 어쩌면 서로를 가장 잘 이해할 수 있는 존재가 아닐까. 본인이 지는 것을 세상이 원하고 있는 것은 아닌지, 아이러니한 질문 속에 대회를 치루고 있다. 두 인물은 그 역설에 놓이게 된다. 이 영화는 이런 역설적인 부분들을 교차시키며 이야기를 끌고 간다.

영화의 정점은 역시나 마지막 부분에 나오는 결승전이다. 주인공인 두 선수의 대결이지만 두 선수를 한 화면에 같이 담는 장면은 거의 없다. 소위 스포츠 중계를 하는 것 같은 화면으로 테니스 경기를 잘 보여주지 않는다. 그래서 조금은 답답하게 영화가 다가올 수도 있다. 화면은 반으로 나누고 두 선수가 각자의 자리에서 홀로 어떻게 싸우고 있는지 보여준다. 서로 대치하고 있다기보다, 각자 자신의 중압감을 어떻게 이겨내고 있는지 보여주는 듯하다. 인간다움을 회복할 것인지 이번에도 괴물처럼 우승할 것인지, 혹은 관중의 마음을 돌이킬 것인지, 미움을 받더라도 싸워 이길 것인지… 영화는 결승 내내 두 선수의 심리

묘사에 포커스를 맞춘다. 보리와 매켄로 각각의 표정을 자세히도 담아내는데, 자신과의 싸움에서 무너지지 않기 위해 얼마나 절박하게 임하고 있는지 담담히 비춘다.

실화를 배경으로 한 영화이기에 승자에 대한 역사적 사실은 변함이 없다. 하지만 이 영화에서는 승자가 누구인지, 왜 이겼는지에 대해 설명하지 않는다. 오늘 대회에 승자와 패자는 내일 대회에서 자리를 바꿀 수도 있다. 영화는 인생 전체로 봤을 때, 누군가가 절대적 승자도, 패자도 아님을 이야기해 준다. 정반대의 기질을 가진 두 주인공이 같은 선수 경력을 이어오면서 느꼈을 비슷한 중압감과 고독감은 오히려 서로만이 알 수 있는 끈끈한 무언가가 돼 있었다. 경기 당시에 그 둘은 그런 사실을 몰랐지만, 조금씩 서로의 위치에서 뜻 모를 동질감을 느끼게 된다. 라이벌이었던 보리와 매켄로는 선수를 은퇴한 이후 둘도 없는 친구가 된다. 매켄로의 결혼식 사회를 보리가 맡아줄 정도로.

영화의 마지막에 매켄로의 결혼식 피로연에서 한 사람이 축가를 부르는데 그 노래의 내용은 이 영화의 주제를 관통한다. "영광을 향해 달려가네, 사람들은 명성에 목말라 / 인생도 게임도 치열해 온몸의 뼈가 으스러지네 / 누구는 추락하고 누구는 왕관을 쓰지만 / 길을 잃은 사람도 있어, 그 모든 걸 지켜보네 / 슬픈 카페의 음악이 들리면 각자에겐 사연이 있다네 / 영광의 왕관을 쓴 젊은이, 얼룩진 세상과 멀리하길"

이 이야기는 월드클래스 선수들이 자신에게 드리운 압박감, 부담, 불만, 불안 등을 어떻게 이겨내는지 보여준다. 또한 독특한 방식의 촬영 구도로 메시지를 경기가 아닌 삶으로 확장해 보려 했다. 우리는 수많은 경쟁 구도에 놓여 있고, 그에 맞추어 치열하게 살아가지만 사실 인생은 관중이나 상대가 아닌 나, 바로 자기와의 싸움으로 채워진다. 삶이라는 경기 속에 누군가와 대결(VS) 구도를 취하기보다 우리가 마주할 대상이 무엇이고, 어떻게 극복해야 하는지 고민해 보는 것을 어떨까.

기어코 꿈을 이루는 당찬 소녀의 일편단심

"그 무엇보다, 자신을 믿는 것이 중요하다."

*

*

경마는 세계 최대의 경주마 대회 가운데 하나인 영국의 더비 스테이크스(The Derby Stakes)가 1780년에 시작된 것에서 알 수 있듯이 역사가 아주 오래되었다. 경마는 일반적으로 경주마의 경주 스타일, 거리, 지형에 따라 다양하게 구분된다. 널리 알려진 경기로는 평지에서 달리는 단거리, 중거리, 장거리 등의 경주와 주로 짧은 거리에서 진행되는 장애물 경주 등이 있다. 우리나라에서 경마는 사행성이 짙다고 경계가 되지만, 사실 그렇지만은 않다. 문화적 차이, 인식의 차이가 있지만 해외에서는 시민들이 축제 분위기에서 즐길 수 있는 건전 스포츠로 비친다.

〈라라걸Ride Like a Girl〉(2019)은 오스트레일리아 영화로, '여성 감독의 연출', '여성 작가의 각본', '여성 주연의 출연'의 특징을 지니고, 제목은 여성 청소년을 응원하는 캠페인인 '#LIKEAGIRL'에서 따왔다. 이 영화의 클라이맥스인 멜버른 대회는 세계 각국의 명마들이 출전하는 3200m 장거리 대회로, '국가를 멈추게 하는 경주'라고 불릴 만큼 기수라면 모두가 선망한다. 이 영화의 주인공인 미셸 페인(1985년 출생)은 여성으로는 최초로 2015년 대회에서 우승하였다. 이는 1861년에 대회가 시작된 지 155년 만에 이루어낸 쾌거였다.

경마는 쏜살같이 달리는 말에서 떨어지는 직접적인 이유 또는 낙마했을 때 말굽에 밟혀 목숨을 잃는 일이 발생한다. 이 영화는 이런 위험을 무릅쓰고 여성의 능력에 대한 폄하와 편견을 극복하며 용기 있게 도전하는 과정에서, 두텁고 높은 차별의 벽을 깨는 노력과 의지를 보이는 강인한 기수의 모습을 만날 수 있다. 이와 더불어서, 가족 간에 갈등을 겪으면서도 믿고 격려하는 가족애와 동물을 어떻게 대하고 교감해야 하는지에 대해서도 우리에게 전해준다.

미셸은 경마 가족인 10남매의 막내로 태어난 생후 6개월 때 엄마가 교통사고로 사망하고, 15살 때는 엄마처럼 돌봐준 맏언니가 낙마하여 세상을 떠난다. 시련은 성장의 밑거름이고 상처는 진주를 품게 한다. 가정사의 어려움에도 불구하고 어릴 적 꿈을 초지일관 일구어가는 굳센 신념으로 개인적 아픔과 여성에 대한 사회적 차별을 딛고 오뚝이 같이 일어서서 우승으로 승화시킨다.

영화 도입부의 기도와 강론은 앞으로의 일을 암시한다. "믿음으로 모든 시련을 이겨내게 하소서. 진정으로 믿는다면 기적도 일어납니다." 경마가 지니는 위험성과 체력 소모가 심한 스포츠라는 인식 때문에 남성의 전유물로 여겨지는 장거리 경마에 당차게 도전하는 미셸의 앞날을 암시하는 복선이 깔린 대사로와 닿는다.

대가족의 북적북적한 식탁에서, 미셸의 아버지는 자신이 애써 성취한 열매가 다른 남성 기수에게 돌아간 불만을 토로하는 딸의 얘기를 대수롭지 않게 넘긴다. "묵묵히 하다 보면 탈 기회를 주겠지." 그러자 다른 딸도 차별을 하소연한다. "두 배로 일하고 반만 받으라는 식이에요." 경마는 여자에게는 맞지 않는다는 편견이 지배적인 당시의 사회적 분위기를 느낄 수 있다.

꼬마이지만 당찬 미셸은 멜버른의 역대 우승마와 기수를 훤히 꿰며 자신의 이름이 우승자 명단에 오를 날을 꿈꾼다. 미셸이 여섯 살 때인 1991년, 멜버른 대회에 나가는 오빠는 아버지의 격려를 받는다. "그 무엇보다, 자신을 믿는 것이 중요하다." 미국에서 전무후무한 대기록을 남긴 경주마의 이야기를 담은 또 다른 영화 〈세크리테어리엇Secretariat〉(2010)에서도 아버지가 딸에게 "승리를 결정하는 것은 저들이 아닌 너다. 네 경주는 네가 하는 거다. 자신이 믿는 대로 나아가라."라고 한 조언이 떠오른다. 무슨 일을 하든지 무엇보다 자기 자신을 믿는 게 먼저라는 생각이 든다.

오빠의 경기를 지켜보던 미셸은 이해할 수 없다는 듯이 묻는다. "어떻게 일등을 하다가 꼴찌를 할 수 있죠?" 아버지는 엉뚱한 지점에서 너무 속도를 냈기 때문이라며 "그렇지만 꼴등에서 일등이 못 되라는 법도 없지."라고 대답한다. 장거리 경주로 비유

되는 우리 삶에 던지는 말처럼 들린다.

순위를 따지는 경기에서는 자신에게 맞는, 그리고 상대 선수들에 대한 경기력 분석에 따른 페이스 조절이 필요하다. 처음부터 의욕이 앞서서 힘을 지나치게 쏟아버리면 중반과 후반에 지치기 십상이다. 작전에 따라 처음부터 치고 나갈 수도 있지만, 처음에는 뒤쪽에서 힘을 아껴 따라가다가 나중에 치고 나가는 작전이 종종 등장한다. 경마에서는 이를 '추입(追入)'이라고 부른다. 이처럼 꼴찌로 달리다 선두로 나서면 관중의 함성은 배가 된다. 결국에 승부를 가린다면 역전 드라마가 제맛이지만, 무엇보다 스포츠나 인생에서 꾸준히 끈질기게 노력하고 어떤 어려움이 닥쳐도 포기하지 않고 끝까지 가는 의지력이 가장 중요하다.

어린아이 티를 벗은 미셸은 체계적인 훈련을 받는다. 가르칠 때는 사제 관계로 생각하는 아버지는 자기주장이 강한 미셸을 따끔하게 지적하면서도 세심하게 알려준다. "스승이 그렇다면 그런 줄 알아야지. 경주 전에는 꼭 트랙을 돌아보고 풀이 뜯긴 데를 잘 기억해라. 속도가 붙을 수 있는 단단한 쪽을 빨리 선점할 수 있게 잔디의 습기를 확인하는 게 중요하다. 속도가 전부가 아니다. 때를 노리는 인내심이 필요하다. 앞길이 막혔다 싶어도 어느 순간 갑자기 틈이 생긴다. 그 순간을 놓치면 안 된다." 경기 전에 트랙을 살피고 상태에 따라 어떻게 할지를 머릿속으로 미리 구상하는 것처럼, 삶에서도 무슨 일을 할 때는 무엇을 어떻게 할지에 대한 사전 준비가 충실해야 한다. 성급하게 무언가를 이루고자 하거나 남보다 앞서가려 무리를 하지 말고, 또 길이 보이지 않는다고 지레 포기하지 말고, 때를 기다리는 인내와 마침내 기회가 왔을 때 포착하는 결단이 필요하다.

어느덧 경주에 나갈 정도로 성장한 미셸은 가족 간의 경마 얘기에도 한몫 낀다. 모든 건 결국 힘이고, 막판 스퍼트를 위해 힘을 남겨야 한다는 오빠의 말에 미셸은 반박한다. "더 중요한 것은 어떤 위치를 잡는가에 달렸어." 첫 대회에 나가는 15살 미셸에게 아버지는 조언한다. "배운 것을 기억해라. 앞서 달리는 말들이 흩어지는 틈을 포착해라. 그것이 승패를 좌우한다." 앞 무리 뒤에 붙어 달리며 틈을 노리는 전략은 빙속(氷速) 종목에서 앞 선수를 바람막이로 삼아 바람의 저항을 조금이라도 줄여 힘을 아끼려는 것과 일맥상통하게 느껴진다. 미셸은 틈을 노려보지만, 눈 깜짝할 사이에 틈이 사라지는 바람에 기회를 잡지 못하고 꼴찌를 하는 쓴맛을 본다. 걸음을 배울 때도 첫발을 떼기가 무섭게 넘어지듯이 첫술에 배부르지 않은 법이다.

꼴찌를 연거푸 하며 연신 쓴맛을 보던 미셸이 처음으로 우승한 날, '남녀 차별의 장벽을 무너뜨린 정도가 아니라 깨부순 셈'이라는 말을 듣는 여성 기수의 선구자인 맏언니가 말에서 떨어져 사망한다. 상심한 아버지는 막내는 아무 탈 없이 지내기를 바라면서 곁에 두고 싶어 한다. 하지만, 언니의 몫까지 떠맡아 자신을 꿈을 이루고 싶은 미셸은 17살의 나이에 넓은 세상으로 나간다. 그리고 새벽 3시에 일어나는 게 다반사인 빡빡한 생활을 소화한다. 요행이 아니고서야 어떤 일이든 쉽게 이루어지는 일은 없다. 겉으로 보기에 말만 타고 훈련하면 다인 것 같은 경주마의 세계에서도 값진 성취를 위해서는 각고의 노력이 따른다. 장거리 대회를 대비하기 위해서는 체력을 길러야 한다. 특히, 경주마의 기수는 신장, 몸무게, 시력에 대한 규정에 부합하기 위한 자기관리가 요구된다.

2015년 11월에 열리는 멜버른 컵 개막에 근접해서 부상을 입은 영화의 각색과는 다르게, 실제에서 미셸은 묘령의 나이에 경주 중 낙마하여 마비 증세를 보였다. 불굴의 의지로 어느 정도 회복하지만, 의사는 운동을 만류한다. 그러나 오로지 한 가지 생각뿐인 미셸은 의사를 다그치듯이 묻는다. “언제쯤이면 다시 말을 탈 수 있을까요?” 자신이 좋아하고, 운명이라 느낀 꿈을 향하는 미셸의 길에는 걸림돌이란 없어 보인다.

동생이 평생 불구로 지낼 것을 염려하는 언니와 오빠들은 또다시 말을 타겠다는 미셸을 말린다. “미쳤니? 경마가 가장 위험한 스포츠라는 데는 다 이유가 있는 거야. 더 이상 말을 타도록 내버려 둘 수 없어." 하지만 미셸은 한 치도 물러서지 않는다. "나는 절대 포기 안 해." 아버지는 손을 든다. "막내는 못 말린다. 미셸이 한다면 누구도 못 바꾼다." 이런 장면에 비추면, 성공의 가장 밑바탕은 무엇보다도 '자기 확신'이 아닐까 싶다.

드디어 미셸은 2009년에 최고 레벨에서 첫 우승을 하고, 나중에 멜버른 컵에서 미셸과 함께 우승할 준마이지만, 당장은 부상으로 인해 불편해하고 앞날이 불투명한 '프린스'와 조우한다. 미셸은 "착하고 예쁜 아가야."라고 속삭이면서 사랑스럽게 보듬는다. 동병상련을 느끼는지 서로는 처음부터 통한다. 이렇듯 마음이 통하는 사람에게만 등을 내주는 명마는 사람의 속을 꿰뚫듯 눈빛을 주고받으며 마음 깊이 교감한다. 서로 신뢰하는 끈끈한 관계는 마구간에서 함께 잠을 잘 정도로 알뜰살뜰 돌보며 지내야 마음을 얻을 수 있다. 미셸은 말과 소통할 줄 알았던 진정한 기수였다.

그녀는 프린스와 함께 하고 싶은 심정을 훈련과 사육 관리의 책임자인 조교사에게 밝힌다. "저의 짝을 찾았어요." 그러자 조교사는 묻는다. "성치 않은 곳이 하나도 없는 너에게 어떤 능력이 남아 있기는 하냐?" 미셸은 당차게 대응한다. "우승할 능력이 남아 있죠!"

상태가 점점 호전되어가는 미셸과 프린스는 2014년과 2015년 초에 주요 대회에서 연거푸 우승하고 주변의 축하 인사를 받는다. "둘의 호흡이 최고예요." 하지만 승승장구하는 미셸을 탐탁하게 여기지 않는 기수가 일부러 끼어들기의 시비거리를 만들어 문제 삼는다. 이를 판정하는 위원들에게 미셸은 항변한다. "틈이 보여서 들어간 겁니다." 하지만 위원회는 미셸에게 출장 제한의 징계를 내린다. 다행히도, 우승은 인정되어 미셸은 멜버른 컵에 나갈 자격을 간신히 갖춘다.

미셸은 제재가 풀리지만 프린스를 공동으로 소유한 마주들은 남성 기수 쪽으로 마음이 기운다. "여자는 멜버른 컵 근처에도 못 갔어요." 미셸이 따진다. "이제 와 바꾼다고요? 저도 프린스도 서로를 잘 알아요." 짝을 이루고 팀을 이루는 스포츠에서 팀워크가 경기력의 핵심인 것처럼 선수와 말이 하나가 되어 호흡을 맞추는 것이 그 무엇보다 중요한 경마 경기이지만, 마주들의 생각은 다르다. "장거리인 이번 대회는 힘이 필요하죠." 미셸은 핵심을 짚는다. "힘을 뛰어넘는 것은 서로의 마음을 제대로 이해하고 경주로를 읽는 것이죠. 그리고 그 무엇보다 인내심이 중요하지요." 이를 다 듣고 조교사가 마주들에게 한마디를 한다. "세계 최대의 경기에서 이기는 법은 바로 저겁니다."

다운증후군을 지녔지만 최고의 마필 관리사로 인정받아 프린스를 돌보는 미셸의 오빠는 추첨에서 제일 유리한 1번 출발구를 뽑는다. 하지만, 사람들은 미셸과 프린스가 우승할 확률을 출전한 24필 가운데 가장 낮은 승률인 1/100로 본다. 오빠는 동생을 격려한다. "넌 할 수 있어. 챔피언이 될 거야." 경기에 임하는 선수들에게 자신감을 고취하는 말은 경기력에 생명을 불어넣는 것과 다름없다. 승부는 자신과의 싸움이다. 최선을 다해 준비하고, 경기에 완전 몰입하여 온 힘을 쏟는다면, 승패가 어찌되든 아쉬움이 남지 않으리라.

출발 직전에 옆 레인의 선수가 묻는다. "끝나고 뭐 할 거니?" 미셸은 유쾌하게 대답한다. "축하연을 해야죠." 이 자리에 올 때까지 간절함으로 최선을 다하고, 준비된 자신감이 하늘을 찌르는 미셸의 대답은 최선을 다한 축하연과 우승에 대한 축하연의 의미 둘 다가 포함된 것 같이 들린다. 빠르기와 지구력을 요구하는 장거리 경주의 치열한 접전이 벌어진다. 미셸은 틈을 노리면서 점차 속력을 높여 간다. 그때 앞에서 서로 바싹 붙어 달리던 말들 사이가 순간 벌어진다. 이 순간을 놓치지 않은 미셸은 마지막 얼마를 앞두고 선두로 나선다. 경기를 마친 다른 기수들이 이제야 미셸을 인정한다. "정말 대단했다." 어떤 어려움에도 포기하지 않고 노력한 끝은 있기 마련이다.

기록에 따르면, 미셸은 선수 생활 동안에 통산 3200번 출전한다. 그런데 3200m 장거리 경주인 멜버른 컵에서 우승한 것은 마치 예정된 것은 아닐까 할 정도로 공교롭다. 미셸은 영화의 끝에 나온 실제 인터뷰에서 이같이 밝힌다. "여성은 강하지 않다고 생각하는 사람들에게 말하고 싶어요. 우리가 세상을 이겼다고! 힘이 전부는 아니에요. 말과 기수가 하나가 되는 게 중요합니다. 우리는 마지막 한 발까지 힘차게 뛸 수 있게 혼신의 힘을 다했어요."

여성의 참정권이 두 번째로 보장된 연도와 나라는 1902년 오스트레일리아다. 두 번째로 여성 참정권을 부여한 나라라면 선입견이 없을까 싶지만, 미셸이 겪은 바처럼 차별의 벽은 곳곳에 있었던 시대상을 영화에서 느낄 수 있다. 지금은 올림픽에 여자 마라톤이 당연히 열린다. 하지만 불과 얼마 전까지는 달랐다. 예를 들어 1967년 보스톤 마라톤 대회에 여성 최초로 출전한 선수는 남성인 척 참여해야 했고, 그마저 심판에 발견되어 실격될 위기에 처하기도 했다.

오늘날의 여권(女權)에 이르기까지의 과정은 참으로 험난했다. 〈라라걸〉도 그렇지만 여성의 권리에 있어서 스포츠의 한 종목인 경주는 유독 많은 연관이 있다. 참정권 등 여성 기본권의 쟁취 과정에서 빼 놓고 이야기할 수 없는 여성 운동가는 에밀리 데이비슨인데, 그녀는 1913년 더비 스테이크스(The Derby

Stakes)라는 경주마 대회에서 참정권을 외치며 경주로 한가운데로 몸을 던졌다.

여성 스포츠(영화) 속에서 우리가 알 수 있는 것은 차별과 고정관념을 뛰어넘으려는 꿈, 그것을 향한 용기와 결단, 그리고 절대 주저앉지 않는 부단한 노력이다. 그렇게 그녀들은 '최초'로 길을 열고, 후대에 영향을 끼친 것이 아닐까.

US 오픈 정상에 오른 고교 골퍼 이야기

내 생애 최고의 경기

"가장 절망적인 순간에도 포기하지 않는 게 중요하다."

*

*

〈내 생애 최고의 경기The Greatest Game Ever Played〉(2005)는 그 당시 가장 유명한 프로 골퍼인 해리 바든(1870~1937)을 상대로 1913년 'US 오픈'에서 우승한 20세의 아마추어 신예 프랜시스 위멧(1893~1967)의 실화를 그린 영화다•. 제목에서 드러나는 '내 생애 최고의 경기'라는 것은 무엇일까? 무엇이 선수에게 가장 큰 기쁨일까?

경기에 임하는 선수에게는 경직된 긴장이 아닌 적당한 긴장감, 자만심이 아닌 자신감, 그리고 진지함이 필요하다. 골프는 해를 따라 바뀌는 잔디 결의 방향과 바람의 흐름과 세기까지도 고려해야 할 정도로 섬세한 스포츠다. 또한 골프에서 스윙은 균형, 리듬, 릴리스가 조화로워야 한다. 그립(grip) 쥐는 자세만 봐도 골프 실력을 알 수 있다는 말처럼, 끝까지 마무리를 잘하는 스윙을 위해서는 채를 제대로 잡아야 한다. 세 번 실수해도 한 번 성공하면 만회가 되는 골프는, 연속 실패에도 흔들리지 않고 마음을 가다듬으며 추스르고 다스리는 게 중요하다. 그 어떤 소음도, 선입견도 방해할 수 없는 '나'의 스포츠, 고도의 집중력과 정신력이 요구되는 골프의 특성을 잘 기억하며 영화를 감상해 보자.

• 각본은 감독과 프로듀서로 활동하는 마크 프로스트(Mark Frost)가 2002년 출간한 소설, 『The greatest game ever played: harry vardon, francis ouimet, and the birth of modern golf』가 기초다.

1900년, 집 바로 앞 골프장에서 캐디로 일하는 일곱 살 프랜시스는 풀숲에서 공 하나를 줍는다. 당시 가장 유명한 골프 선수 바든의 이름이 상표로 새겨진 공이다. 어느 날, 프랜시스가 일하는 골프장 근처에서 US 오픈•이 열린다. 참가 차 부대 행사를 하는 바든을 만나고 싶다는 아들의 말을 아버지는 딱 자른다. "쓸데없는 소리 마라. 그는 우리와는 딴 세상 사람이다. 우리는 열심히 일해서 번 돈을 집에 가져와야 한다." 아들의 마음을 안 엄마는 행사장 앞으로 데리고 가서 혼자 들여보낸다. "어서 가봐." 프랜시스는 북적이는 틈을 헤집고 들어간다. 밑바닥부터 시작해서 온갖 역경을 딛고 정상에 오른 바든을 자신의 영웅으로 여기기 시작한 프랜시스는 매일 골프 연습을 한다. 밤새 홀에 공을 굴려 넣는 퍼팅을 연습하는 아들을 어머니가 말릴 정도다. "애야, 잠 좀 자자." 이럴 때마다 대답은 똑같다. "한 번만 더 할게요." 어느덧 자란 프랜시스는 '고교 챔피언십'에서 우승한다.

어느 날, 한 골프계 인사가 프랜시스를 전국 아마추어 챔피언십에 출전시키려는 의도로 찾아온다. 우리의 주인공은 이 뜻을 따

• 골프 대회 이름에 '오픈'이 붙으면 프로 골퍼나 아마추어를 가리지 않고 누구나 참가할 수 있다. '챔피언십'이 붙는 대회에는 각 대회의 우승자 또는 프로 선수 가운데서 최상위 일부만이 출전한다. 특이하게도, 1895년 처음 시작된 US 오픈은 매년 개최되는 세계 4대 메이저 골프 대회 가운데 하나로서 'US 오픈 챔피언십(United States Open Championship)'으로도 불린다.

라서 아마추어 선수 자격 심사를 받지만 협회는 받아들이고 싶지 않은 저의로 까다로운 조건을 붙인다. "캐디 출신이 낄 자리가 아니네." 규정의 맥을 잘 짚어서 가입할 길을 찾아내지만, 이번에는 아버지가 출전을 반대한다. "시합에 나간다고 살길이 생기냐? 네가 아무리 날고 기어도 잘난 사람들한테 이용만 당할 거다." 당시 경기 규정으로 아마추어는 상금 없이 명예만을 얻었으니 아버지에게는 한낱 공놀이로밖에 보이지 않았다. 프랜시스는 호소한다. "제가 잘할 수 있는 일이에요. 기회까지 포기할 수는 없어요."

다행히도 조력자의 도움이 이어진다. 먼저 프랜시스의 멘토 캠벨은 '골퍼는 두 부류가 있다. 긴장감을 잘 극복해 우승을 차지하는 사람과 그렇지 못한 사람.'이라는 메시지를 전하고, 끝까지 도전 정신을 북돋아 준다. 나이는 어리지만 성숙한 판단력을 가진 캐디 에디도 프랜시스의 경기에 적잖은 도움을 준다. "어떤 결정을 하든 다른 건 볼 것 없이 공만 바라봐요. 한 번에 하나씩. 제대로만 굴려요. 알아서 들어갈 테니까요." 대회는 이틀에 걸쳐 오전과 오후에 각각 하는 4라운드 방식으로 열린다. 대회 도중에 관계자가 프랜시스를 찾아와 현재 2등이라고 알려주고, 대통령도 직접 참관하면서 관심을 가진다고 늘어놓을 때도 에디는 이렇게 말한다. "저런 얘기는 들을 거 없어요. 우리는 경기에만 집중하면 돼요."

다음 날은 비가 많이 내린다. 아침 일찍 프랜시스 집까지 찾아온 에디는 "72타를 치는 꿈을 꿨어요."라고 얘기한다. 프랜시스는 담담히 대한다. "이렇게까지 비가 퍼부으면 쉽지 않아." 골프는 바람의 방향과 세기를 살피고 그린의 결과 굴곡을 고려해서 공을 치거나 굴려야 하는 스포츠라서 폭우가 내리면 그 누구라도 실력을 발휘하기가 어렵다. 에디는 프란시스에게 긍정의 에너지를 불어넣는다. "이런 날을 수백 번 겪어 봤잖아요?" 프랜시스도 유쾌하게 받아들인다. "맞아! 정말 그러기에 딱 좋은 날씨네." 우리의 삶에서도 필요한 긍정의 마인드는 궂은 날씨도 플레이하기에 좋은 날씨인 양 변화시킨다.

어느덧 날이 갠다. 엎치락뒤치락 선두를 가리는 접전 끝에 동타를 이뤄 맞이한 연장전 마지막 홀, 프랜시스가 보기에 홀컵까지 거리는 1m 남짓으로 보인다. 잠시 가늠하던 프랜시스는 허리를 세운다. 이때, 에디는 아침에 얘기한 꿈을 상기시키며 자신감을 키운다. "넣으면 72타예요. 서두르지 마세요. 읽고, 치면, 들어가는 거예요. 할 수 있어요!" 골프의 18홀을 다 미칠 때의 기준 타수는 72타다. 홀마다 기준 타수는 달라질 수 있지만, 18홀 경기에서 한 홀당 4타이라면 72타가 된다. 기준 타수를 치는 것을 '파(par)'라고 하는데 기준 타수보다 적을수록 잘 친 기록이다. 비가 그친 뒤 잔디가 고르지 않은 조건에서의 72타는 뛰어난 기록이라고 할 수 있다•. 다시 호흡을 가다듬고 침착하게 친 공은 홀컵으로 빨려 들어간다. 모두가 프랜시스의 기적같은 우승에 환호하며 기뻐한다.

스포츠 소재 영화가 보여주는 전형적인 전개 방식을 취하고 있지만, 〈내 생애 최고의 경기〉가 남기는 소회는 남다르다. 스포츠 정신에 대해 정확하고 긴밀하게 묘사하고 있기 때문이다. 영화 중간에 프랜시스의 우상이자 라이벌인 바든은 아무런 가치 기준이 되지 못하는 '출신'을 운운하면서 절대 우승할 수 없을 거라 악담을 퍼붓는 이에게 이렇게 일침을 가한다. "누가 그의 아버지냐, 돈이 얼마나 있냐가 사람을 결정하는 게 아닙니다. 신사라고 자부하신다면 승자에 대한 존경을 보여주세요!" 또한 꼬마 캐디라는 이유로 놀림당하는 에디는 남들이 놀리거나 말거나 캐디의 역할을 충실히 해낸다. 스포츠 경기에 있어서는 그 어떤 성장 배경도, 나이도, 경력도 결과를 흔들 수 없고, 오로지 노력만이 뒷받침된 '실력'으로 승부를 보게 된다. 스포츠만의 공정함을 가장 잘 이해할 수 있는 영화였다.

• 기준 타수보다 적게 치거나 더 많이 치느냐에 따라서 여러 용어가 붙는다. 한 홀에서 기준 타수보다 1타가 적은 것을 '버디(Birdie)'라고 한다. 이는 '샷이 새처럼 날았다(It was a bird of shot)'라는 표현에서 유래했다. 기준보다 2타 적으면 '이글(Eagle)', 3타가 적으면 '알바트로스(Albatross)'라고 한다. 한 홀에서 단 한 번에 공을 홀컵에 넣으면 홀인원((Hole in one)이라고 부른다. 기준 타수보다 1타를 더 치는 것은 보기(Bogey)라고 하고, 2타 더 치는 것을 '더블 보기'라고 한다.

꿈을 이루려는 간절한 노력이 있다면 어떠한 처지에서든 성공할 수 있다는 교훈을 전하는 이 영화. 목표에 집중할 때, 가장 공정하고 좋은 결과를 얻을 때 스포츠맨은 '내 생애 최고의 경기'라고 기억하지 않을까?

기본기와 팀워크를 다져 새로 쓰는 농구 역사

"피부색이 아니라 인격으로"

〈글로리 로드Glory Road〉(2006)는 제임스 가트너 감독, 조쉬 루카스 주연의 농구 실화를 바탕으로 한 영화다. 팀 스포츠를 배경으로 하는 영화는 팀 정신과 지도자의 지도 유형에 따라 선수들이 어떠한 영향을 받는지에 관한 내용을 중심으로 전개되곤 한다. 결론부터 말하자면, 이 영화도 이런 특징을 잘 묘사하고 있다. 인종차별이 만연한 시대 배경 속에서 '팀'이라는 한 단어로 서로를 인정하고 조금씩 다가가며 문제를 해결하는 감동을 선사한다. 스포츠가 사회에 어떠한 영향을 줄 수 있었는지 지켜보자.

영화는 흑인 인권 운동가인 마틴 루터 킹 목사의 연설 장면과 함께 "시대는 변하고 있다."라는 한 기자의 보도로 시작한다. 그리고 가장 영향력 있는 대중음악가로 칭송받는 비틀즈의 한창때인 1965년의 화면이 스쳐 지나가며, '피부색이 아니라 인격으로'라는 팀 스포츠의 가치에 관한 글귀와 함께 영화의 본격적인 시작을 알린다.

1965년 텍사스주에서 고등학교 챔피언십이 열리고 있다. 해스킨스(1930~2008) 감독은 여자 고등학교 농구부를 이끌며 우승을 거머쥔다. 해스킨스 감독은 텍사스의 조그마한 웨스턴 대학의 감독을 맡고자 면접을 보러 간다. 그리고 그는 자신의 꿈을 이루기 위해 불편한 조건을 감수하고 새로운 도전을 감행한다. 하지만, 막상 농구 훈련장에 와 보니 팀의 선수가 턱없이 부족하다는 사실을 알게 된다. 백인 선수 3명 외에 이렇다 할 선수도 예산도 바닥이다. 예산 건의를 들은 학과장은 "풋볼이 왕이다."라며 농구를 무시한다. 예나 지금이나 미국 최고의 스포츠 행사는 미식축구 리그 최종 경기인 '슈퍼볼(Super Bowl)'이다.

학과장은 여고에서 온 감독이라고 비꼬면서 현실적 어려움을 이야기한다. 그런데도 해스킨스 감독은 선수를 영입하기 위해 여러 곳을 돌아다니며 발품을 판다. 선수 영입이 쉽게 이뤄지지 않아 마음고생하던 중, 한 흑인 선수의 플레이를 보고 확신을 갖는다. 대학교 이사장과 학과장은 흑인을 데리고 우승할 수 없다고 반대한다. 그동안 흑인이라서 벤치만 지키던 그 선수는 농구를 그만두는 한이 있더라도 더 이상 벤치에만 머물지 않겠다고 으름장을 놓는다.

선수 발굴을 위해 다른 지역을 찾아가 해스킨스가 말을 걸려고 하자, 흑인 학생은 자신을 위협하러 온 줄 알고 황급히 도망친다. 이 시대의 상황을 짐작할 수 있는 부분이다. 사회가 만든 자화상일까? 해스킨스는 학생을 안심시키고, 충분히 설명해 준다. 그 시절 미국에서는 흑인 선수를 받지 않는 도시가 대부분이었다. 그런데도 해스킨스 감독은 왜 흑인 선수의 재능을 인정하고 함께 꿈을 이루자고 설득한 것일까?

필자는 어렸을 적 학생선수 시절을 지나왔고, 지금은 학교운동부 지도교사이며, 한 학생선수의 아버지이기도 하다. 학생의 입장과 지도자의 입장을 모두 이해하는 필자로서는 교육 및 훈련 환경으로 인해 난관에 봉착하는 경우를 수도 없이 목도했다. 여기서 말하는 환경이란 넓게 보면 앞서 말한 인종차별, 혹은 인기 종목 · 비인기 종목과 같은 시대적 · 사회적 환경을 말할 수 있다. 좁게 보면 운동할 장소가 부족한 공간적 문제와 적극적으로 지원받기 어려운 예산 문제 등을 예시로 들 수 있겠다. 우리나라 선수도 몇몇이 떠오르는데, 유능한 선수임에도 특정 나라에서 인종차별을 당했다는 소식은 늘 안타깝다. 또한 올림픽, 아시안게임에 없는 비인기 종목은 학생선수 수급부터 예산 지원까지 점점 어려워지는 현실을 바라본다. 전 세계 각종 협회는 어떤 이익이나 타성에 젖은 관념보다 오로지 선수와 경기에 중점을 두어야 좋은 결과를 만들 수 있을 것이다. 환경과 인식을 바꾸며 성장하는 해스킨스의 이야기로 다시 돌아가 보자.

다음 날 연습에서 백인과 흑인 선수가 몸싸움을 격하게 하며 시비가 붙는다. 감독은 이런 상황을 용납하지 않고, 화합과 융합을 강조한다. 농구는 피부색으로 하는 스포츠도 아니고, 혼자 하는 스포츠도 아니기 때문이다.

감독은 경기를 앞두고 선수들에게 지금까지 노력해 온 땀방울이 그에 대한 성과를 가져올 것이라고 믿고, "너희들은 재능이 있다. 그리고 지금까지 훈련을 해왔다. 자신의 옆에 서 있는 사람에게 관심을 가져라."라고 말한다. 결국 팀워크를 향상하기 위해 서로 신뢰하며 친해지길 바라는 마음이다. 감독은 지금까지 연습한 모습을 그대로 펼쳐 보이자고 주문한다.

하지만 경기 중반에 팀워크가 깨지고 만다. 흑인 선수들이 백인 선수들에게 패스를 주려 하지 않는다. 결국 패하며 전 경기에서 승리하는 기록을 놓치게 된다. 서로가 대립하는 순간에 정신적 지주의 역할을 해온 트레이너가 끼어들어 일침을 놓는다. "게임에서 지는 것보다 서로를 존중하지 않는 것이 더 나쁘다." 감독은 다시 하나로 뭉치는 것이 우리가 선택해야 할 것이라고 말한다. 스포츠 영화를 보면 중요한 시기에 갈등을 잠재우며 팀워크를 다시 다지는 모습을 자주 볼 수 있다. 중요한 것은 '우리'가 발휘할 수 있는 최적의 순간들일 테니까. 이 영화에서는 선수들이 모두 모여 기도로 하나가 된다.

성공을 좌우하는 '인간관계'에서도 팀워크가 존재한다. 우리는 사회 공동체의 일원으로 도움을 주고 받지 않을 수 없는데, 어느 소속이든 혼자만의 실력으로 절대 성공할 수 없다. 역지사지로 배려하는 마음, 기초적인 매너 등은 스포츠뿐 아니라 경기장

밖에서도 필요한 스킬이다. 나를 위한 노력뿐 아니라 팀을 위해 노력했는지, 팀원을 존중하고 배려했는지 성찰하는 시간을 가진다면 좋은 결과를 맞이했을 때 진정으로 성장했다고 말할 수 있다.

해스킨스 감독이 팀워크 다음으로 강조하는 가치는 기본기다. 운동선수를 지도하는 데 있어 코칭 방법과 기본기에 관한 중요성은 아무리 강조해도 지나치지 않는다. 코칭은 운동 기술 훈련의 수준을 넘어 마음을 변화시켜 보다 나은 사람으로 성장할 수 있게 하는 일이기 때문이다. 운동은 열정으로만 하는 게 아니다. 기술뿐만 아니라 지식에 관한 기본기가 필요하다. 몸으로만 하는 게임이 아닌 작전을 영리하게 수행해 내야 하는 만큼 외적으로도, 내적으로도 단단해질 필요가 있다. 현재 우리나라도 학생 선수가 일정 수준의 학력에 도달하도록 하는 '최저학력제'를 마련하여 '공부하는 선수'라는 방향으로 나가고 있다. 학교 성적을 강조하는 이유는 학생선수가 신체적 능력과 지적인 능력, 내면의 성실함, 페어플레이 정신 등을 향상하는 데 매우 중요하기 때문이다. 해스킨스는 학생들의 성적에도 관심을 보이며 성적을 올릴 방법을 찾는다.

대학 챔피언십 결승전에서 선발진 구성을 앞두고 해스킨스 감독은 선수들을 모아 비장한 결단을 밝힌다. 경기장에 선수들이

들어서자, 모두가 놀란다. 텍사스 웨스턴 대학 팀은 흑인 선수만 출전시켜서 흑백 간 경기로 치러진다. 역사상 처음 있는 일이라며 장내 아나운서도 놀라움을 금치 못한다. 텍사스 대학 팀은 결국 내셔널 챔피언으로 등극한다. 해스킨스는 누구도 생각하지 못한 도전을 실행한 감독으로 역사에 기록된다. 영화는 졸업한 선수들이 어떻게 살아가는지, 실존 인물의 사진을 보여주면서 마지막을 향한다. 텍사스 웨스턴의 승리는 스포츠 역사상 최고의 경기였고 대학 농구 역사상 가장 중요한 게임이었다는 멘트로 영화는 마침표를 찍는다.

지금은 농구에서 흑인 선수가 뛰는 일은 당연해졌지만, 보다시피 처음은 그렇지 않았다. 스포츠에조차 뻗어있는 부당한 대우와 망가진 스포츠맨십을 보면 경기장은 마치 우리네 사회와 비슷하다는 생각도 한다. 해스킨스는 인종차별이라는 선입견에서 벗어나 오로지 경기력으로만 선수를 영입하고, 코칭하고, NCAA• 역사상 최고의 경기를 이끌어 냈다. 단순한 갈등의 극복뿐 아니라 사회적 통념이 깨져버린 순간은 가히 감동적이다. 이런 승부도 가능한데, 우리 사회에서도 스포츠맨십과 팀

• National Collegiate Athletic Association, 전미 대학 체육 협회. 미국 내의 대학 스포츠를 관리하는 조직

워크가 발휘되면 곳곳에 멋진 장면들을 만들어낼 수 있지 않을까?

모두에게 다 똑같은 달리기

"초원이 다리는, 백만불짜리 다리."

삶에 비유되는 스포츠 종목이 많지만 그 중에도 유독 많이 언급되는 종목은 단연코 마라톤이다. 길고도 짧으며, 강렬한 고통과 성취감을 느끼는 종목. 굽이굽이 다양한 코스를 달리며 자기와의 투쟁을 벌이는 극복의 콘텐츠는 우리네 인생살이와 너무도 닮아있다. 영화 〈말아톤〉(2005)은 실화를 바탕으로 제작되었으며, 자폐증으로 인해 어려움을 겪는 아이와 엄마의 길고 긴 달리기를 그렸다.

영화는 주인공인 '초원'의 어린 시절부터 시작된다. 아빠, 엄마, 초원이와 동생으로 구성된 가족들은 시도 때도 없이 떼를 부리고 일상적인 소통이 되지 않는 초원이를 받아들이기 어려워한다. 우여곡절 끝에 엄마는 조금씩 적응해가고 아이에게 도움이 되리라는 생각으로 마라톤을 선택한다. 어느 날, 초원이가 다니는 특수학교에 음주 운전으로 사회봉사 명령을 받은 사람이 온다. 그는 과거에 세계적인 마라톤 대회 우승의 기록을 가졌지만 현재는 폐인처럼 생활한다. 엄마는 코치가 되어 달라며 필사적으로 매달린 끝에 승낙을 얻어낸다. 코치는 대충 시간만 채우고 사례비나 챙길 속셈일 뿐 실제 지도에는 관심이 눈곱만큼도 없어 보인다. 운동 코칭은 단순 기능뿐 아니라 아니라 정신, 생활, 태도에 이르기까지 전인적으로 이루어지는 것인데, 그냥 알아서 뛰라고만 시키고는 벤치에 누워서 자거나 딴짓을 한다.

어느 날, 초원이는 한여름 낮잠에 빠진 코치에게 달리기하러 나가자고 보챈다. 코치는 단잠을 깨우며 자꾸 귀찮게 하는 초원이에게 운동장 100바퀴를 돌라고 말하고는 다시 잠에 곯아떨어진다. 세상모르고 잠을 자던 코치는 전화를 받고 운동장으로 황급히 달려간다. 비 오듯 땀을 흘리는 초원이는 거의 죽어갈 지경이다. 마지막 100바퀴를 채우고는 쓰러져 힘겹게 헐떡인다. 코치가 다가와 괜찮냐고 묻자, 대답 대신에 초원이는 흙투성이 땀투성이 손으로 코치의 손을 잡아당겨 자신의 가슴에 댄다. 그 몇 초간의 심장박동, 땀, 흙의 범벅을 느낀 코치는 할 말을 잃는다.

코치는 자신을 잘 따르는 맑디맑은 초원에게 조금씩 마음을 연다. 망가진 생활에 체력도 삶도 바닥이지만 자신도 모르게 초원이의 손을 잡고 같이 달리기도 한다. 하지만 엄마는 그동안 코치가 잘못한 행동을 문제 삼으며 그만두라고 통보한다. 코치는 돈도 필요 없으니 곧 열리는 대회까지만 함께하겠다고 얘기하지만, 엄마는 마음을 바꾸지 않는다. 설상가상으로, 지하철에서 엄마가 잠깐 자리를 비운 사이 초원이는 좋아하는 얼룩말 무늬를 쫓아가다가 성추행으로 오해받아 무참히 폭행당한다. 헐레벌떡 달려온 엄마는 온몸으로 막아선다. 초원이는 피를 흘리며 반복해서 외친다. "우리 아이에게는 장애가 있어요!"

"나에게 장애가 있어요" 라고 말하지 않고 엄마의 시점으로 말하는 초원이를 보며 엄마는 왜 사색이 되었을까. 어느 날, 엄마는 소원이 무엇인가? 라는 물음에 "아이보다 딱 하루만 더 사는 것"이라고 답한다. 초원이가 "우리 아이에게는 장애가 있어요"를 반복하여 외치는 모습은, 엄마가 자신의 존재를 버거워한다는 초원이의 불안한 내면을 드러냄과 동시에, 장애가 있는 아이를 키우며 오해받고 얻어맞아 만신창이가 된 엄마 자신의 상처와 아픔을 열어 보인다. 얼마 뒤, 코치가 찾아와 다시 도전하자고 제안하지만 엄마는 그동안 운동을 시킨 게 자신의 욕심을 채운 것이고, 초원이는 이런 자신 때문에 힘들어도 한마디 못하고 따라온 것이라면서 더는 안 한다며 거절한다.

대회 당일, 아침 일찍 초원이가 집에서 사라진다. 경기장으로 찾아온 엄마는 무작정 손을 끌고 돌아가려 하지만, 초원이는 완강하게 버티며 꿈쩍하지 않는다. 아무리 어르고 달래도 소용이 없다. 옥신각신하는 사이에 출발 소리가 울려 퍼진다. 수많은 사람이 일제히 달리기 시작한다. 아들은 계속 달려가려 하고 엄마는 손을 꼭 붙잡고 놓지 못한다. "너 혼자선 안 돼." 초원이는 이런 엄마의 눈을 쳐다보고 묻는다. "초원이 다리는?" 아들의 눈을 들여다본 엄마는 눈물이 터진다. 함께 훈련하며 매일같이 루틴으로 주고받던 그 말을 안 할 수가 없다. "백만 불짜리 다리" 그리고 손을 놓는다.

초원이는 인파 속으로 달려나간다. 한참을 신나게 달리다 보니 금세 숨이 턱까지 차오른다. 러너들 사이에 오가는 진언이 있다. '마라톤은 35km부터 시작이다.' 초원이는 오르막길을 만나고 너무 힘들어 결국 주저앉아 괴로워한다. 그때 누군가 초코파이를 건네고 뛰어간다. 어릴 적, 엄마가 내밀면 따라가던 초코파이다. 초원이는 힘들 때마다 엄마의 초코파이를 따라가며 훈련을 마치곤 했다. 낯선 이의 호의를 받아들고 힘을 내 다시 달리다가 곧 초코파이를 내려놓는다. 이제, 스스로 달릴 수 있다.

어느덧 코스 막바지에 이른다. 초원이는 거리에 나와 박수와 격려를 보내는 사람들과 손을 맞대며 달린다. 신이 나 보인다. 러너스 하이(Runners High)일까? 달리면서 쾌감을 느낀 모양이다. 초원이는 좋은 생각을 떠올린다. 엄마와 다니던 마트, 야구장, 지하철, 아프리카 세렝게티 초원의 얼룩말…. 우리 삶에서와 마찬가지로 행복한 생각이 힘을 솟게 한 모양이다. 그렇게 달리다 보니 어느새 결승선에 도착한다. '2시간 57분 7초!' 서브-3• 달성기록이다. 엄마가 제일 먼저 달려 나와서 안아준다. '초원이'의 모델이 된 배형진 씨는 이후 철인 3종 경기에 도전

• 서브-쓰리(Sub-3)는 마라톤 풀코스를 3시간 이내에 완주하는 것을 나타내는 용어로 아마추어 러너에게는 꿈의 목표다. 1999년 춘천마라톤 대회에서 Sub-3 주자는 총 참가자 1,949명 중 34명에 불과했다. 2023년 현재 세계 신기록은 2시간 1분 9초이다.

하여 장애인뿐만 아니라 국내 최연소 철인 3종 완주 기록을 세운다.

〈말아톤〉은 분투하며 살아가는 각자의 마라톤을 하나의 전형으로 보여주었다는 생각이 든다. 영화와 달리 실제 코치 없이, 엄마는 아들과 둘이 훈련했다. 영화의 서사를 위해 허구의 인물을 만들어 낸 것도 있겠지만, 필자는 코치의 존재를 통해 감독이 관객에게 보여주는 바가 있다고 해석했다. 원래 영화의 의도는 자폐아의 마라톤, 인간 승리의 이야기를 그려내는 것이었다고 한다. 장애에 대한 이해가 없던 감독은 1년 넘게 형진 씨와 엄마를 만나 함께 등산하고 운동했다. 자기 자신에게 가장 솔직한 방식으로 세상을 만나는 형진 씨를 이해한 감독은 그를, 자폐아(自閉兒)가 아닌 자신을 드러내 보인다는 의미로 자개아(自開兒)라고 표현한다. 형진 씨와 직접 만나며 편견이 허물어지고 꾸밈없이 순수한 인간성을 마주한 경험, 타자(他者)로서 그들 모자(母子)의 삶에 관계하며 감독 자신이 겪은 패러다임 전환의 여정을 코치의 존재로 그려낸 것은 아닐까 생각한다.

장애를 극복하고 '서브-3'를 달성한 초원이의 이야기에서, 초원이의 엄마, 나아가 우리의 이야기로 확장되는 지점이 여기에 있다. 아이의 장애를 꼭 잡고 사회의 편견과 투쟁하는 엄마나, 화려한 과거의 족쇄에 묶여 현재를 헤매는 코치나 마찬가지다. 내용이 다를 뿐 일의 진행이나 순탄한 삶의 여정을 가로막는 걸림돌 같은 '장애'는 누구에게나 있다. 자기만의 내밀한 장애와 분투하며 살아가는 각자의 마라톤과 그 여정의 이어짐은 영화를 보는 누구나 경험해 본, 경험할 포인트가 된다.

내게 부여받은 이 삶, 이 마라톤에서 한 번뿐인 그 코스를 지나며 힘들다는 핑계로 문제를 회피하며 주저앉아 '초코파이'를 찾는 나에게 자기의 레이스를 정직하게 완주해 낸 모자만의 구호가 들린다. "초원이 다리는, 백만 불짜리 다리."

꿈을 좇는 인간의 의지력은 그것만으로 완성이다

루디 이야기

"너는 너한테만 증명하면 돼."

꿈을 이루려면 먼저 꿈을 꿔야 한다. 삶에 쫓겨서 생활하다 보면, 눈앞의 일을 하느라 급급하게 된다. 대신에 정작 멀리 바라봐야 할 삶의 목표, 자신이 의미와 가치를 부여하는 인생 여정은 길을 잃어버린다. 세상에 해가 되지 않는 전제에서, 꿈꾸는 바를 향해 자신이 하고 싶은 일에 열정을 다하는 것이 삶의 진정한 성공이다. 이런저런 조건을 재다 보면 정작 자신이 하고 싶고 잘할 수 있는 일을 할 때를 놓치게 된다. 삶의 전환점이 되는 순간을 놓치지 않는 결단이 중요하고, 그 믿음대로 실천에 옮겨 후회 없도록 최선을 다하면 그것만으로 인생은 돌아볼 가치가 생긴다.

실화 기반의 영화 〈루디 이야기Rudy〉(1993)는 미식축구를 사랑한 루디 루티거(1948년 출생)가 꿈을 향해 나아가는 이야기다. 치열한 몸싸움으로 경기 중에 중상을 많이 당하는 격렬한 스포츠인 미식축구는 다양한 전략과 강인한 체력, 민첩성을 요구한다. 경기는 상대방 진영의 끝에 공을 놓거나 킥을 하여 성공시키면 득점을 한다. 공격과 수비가 따로 정해져 있고, 수비 시에는 상대편 선수들이 자기 진영에 침투하는 것을 막고, 공격 시에는 4번의 기회 동안 상대 영역의 10야드(9.144m) 이상을 전진해야만 다시 공격권을 갖게 된다. 신체 조건부터 가난한 배경 모두가 '공격'이 되는 그때, 루디가 제시한 '수비'는 무엇일까? 영화 속으로 들어가 보자.

대가족의 일원인 루디는 12형제 틈에서 평범한 일상을 보내면서, 어릴 때부터 아버지를 따라 노트르담 대학의 미식축구팀을 응원하면서 이렇게 포부를 품는다. "나는 노트르담 대학 풋볼팀의 선수를 할래요." 형제들은 또래보다 키도 작고 덩치도 왜소한 동생에게 "네가 대학 미식축구 선수가 된다고?"라면서 헛된 꿈을 꾼다고 놀린다. 벼룩은 자기 몸의 100배 이상의 높이를 뛸 수 있음에도 뚜껑이 닫힌 작은 병 속에 갇혀 뛰다가 부딪히다 보면 자신도 모르게 한계를 학습하게 된다. 결국에는 병뚜껑을 열어 경계를 없애도 벼룩은 본래 가진 능력이 아닌 환경에서 학습된 그 만큼만 뛰게 된다. 이와 비슷하게, 루디는 가족들의 지속적인 조롱과 비하에 자신의 꿈에 대해 의구심을 갖는다.

고등학생이 된 루디는 체격 조건 때문에 학교 미식축구팀의 주목을 받지 못하고, 공부도 그저 그런 수준에 머문다. 두드러진 것이 하나도 없어 보이는 루디에게 아버지는 형들이 줄줄이 다니는 제철소에 취직할 것을 권유한다. 그렇게 성인이 된 루디는 4년간 제철소에서 일한다. 하지만, 숙명의 숙제처럼 간직한 꿈, 시간 낭비라고 아무도 인정도 기대도 해주지 않아 입 밖으로 꺼내지 못하는 꺼지지 않는 열정을 마음 한편에만 간직한다. 어느 날, 유일하게 지지해 주던 친구가 노트르담 대학교의 점퍼를 생일 선물로 준다. 루디는 어린아이처럼 해맑게 뛰어다니며 좋아한다. "내 꿈을 잊지 않고 알아줘서 고마워." 친구는 응원한다.

"우리 아버지가 항상 그러셨어. 꿈이 있는 사람만이 삶의 의미가 있다고."

루디의 삶에 전환점이 찾아온다. 꿈을 항상 지지해 준 절친한 친구가 용광로 폭발 사고로 세상을 떠나고 말았다. 루디는 노트르담 입학에 도전하기로 결단하고 제철소를 그만둔다. 짐을 싸는 아들에게 아버지는 또 한 번 만류한다. "노트르담은 부잣집 애들과 똑똑한 애들만 가는 곳이다. 헛된 꿈을 좇는 것은 너와 주위 사람들에게 상처만 줄 뿐이야." 그러나 루디는 만류에도 흔들리지 않는다. 유일하게 믿어준 친구가 한 말처럼, 삶의 의미를 찾아 나서기로 한 것이다. "지금이 아니면 안 될 것 같아요."

이른 새벽, 노트르담 대학을 찾아간다. 현재 성적으로는 입학이 안 되니, 노트르담 대학과 붙어있는 전문대학에서 일단 1학기를 다녀보고 성적이 좋으면 한 학기를 연장한 다음에 편입 절차를 밟아보라는 조언을 따라 루디는 이를 악물고 공부를 시작한다. 루디는 흔들릴 때면 언젠가는 뛸 노트르담 경기장을 바라보며 마음을 다잡는다. 공부를 하다가 쉬는 틈틈이 대학 풋볼 경기장을 찾다가 친분이 쌓인 관리원에게 묻지도 않은 말을 한다. "언젠가 저는 이 경기장에서 꼭 뛸 거예요." 루디는 감독도 찾아가서 "저는 팀에 꼭 들어가고 싶어요. 빠르거나 크진 않지만,

태클은 잘해요. 오늘은 제 포부를 말씀드리고 싶어서 왔어요."
라고 밝힌다. 루디는 자신이 꿈꾸는 행복한 일을 하고 있기에, 힘든 와중에서도 늘 웃음을 잃지 않는다. 돈이 없어 거처를 구할 형편이 안 되는 루디는 학교 화장실에서 씻고, 도서관의 불이 꺼지면 휴게실에서 잠을 자며 지낸다.

루디가 이렇게 이 사람 저 사람에게 자신의 결심에 대한 속내를 드러내는 것은 자신의 다짐을 더욱 굳게 하려는 것처럼 보인다. 이 같은 것을 '공적 다짐'이라고 부르는데, 이는 다른 사람들에게 자신의 목표나 의지를 공개함으로써 자신에게 동기를 부여하고 다짐을 강화하는 효과를 거둘 수 있어서 다른 사람에게 공개하지 않을 때보다 목표에 더 높게 도달하게 된다. 즉, 공언(公言)은 목표에 대한 다짐이면서, 한편으로는 이를 완수하려는 책임감을 높이기 때문이다.

성취에는 시련이 따른다. 좀처럼 풀리지 않는 어려움 속에서도 루디의 낙천성이 돋보인다. 꿈을 향한 여정에 대한 '달가움' 때문이라는 생각이 든다. 실패에 실패를 거듭해도 포기를 모르고 더욱 공부에 매진하여 마침내 노트르담에 편입하게 된 루디. 그토록 열망하던 대학 미식축구팀에 들어가 비가 오나 눈이 오나 아플지라도 빠짐없이 훈련에 참여한다. 그러나 산 넘어 산. 스포츠에서 신체적 차이는 매우 크게 작용하기에 눈길을 받지 못한다. 루디는 대학교 졸업을 바로 앞두고 꼭 한 번만이라도 뛰고 싶다고 감독에게 호소한다. 그동안 자신의 꿈을 무시하던 사람들에게 보여주고 싶다는 루디에게 감독은 출전을 약속한다. 안타깝게도 감독은 이내 건강에 문제가 생겨 다른 코치로 바뀌게 된다. 온 세상이 자신의 실패를 염원하는 것 같은 상황의 연속이니, 얼마나 포기하고 싶었을까? 루디는 마지막 경기의 출전 명단에 이름을 올리지 못하는 현실의 벽에 좌절한다.

한계를 느낀 루디는 꿈의 조력자인 관리인을 찾아가 그만두기로 한 결정을 토로한다. "풋볼 관뒀어요. 아버지에게 증명해 보이고 싶었는데." 관리인은 말한다. "무슨 증명? 넌 이미 최고의 대학 풋볼팀에서 2년 넘게 버텨냈어. 세상 누구에게도 증명할 필요 없어. 너는 너한테만 증명하면 돼." 이 말에 깨달음을 얻은 루디는 다시 마음을 다잡는다. 서로 앞서려는 경쟁이 심화되는 현대를 사는 우리의 마음에 큰 울림을 주는 장면이다. 남과의 비교가 아닌 어제도 오늘도 나의 꿈과 삶에 성실한 모습, 어제보다 한 발 더 디딘 모습을 보인다면 이미 충분히 값진 삶이다. 처음에는 루디를 가볍게 대하고 여겼지만, 경기에 뛰지는 못해도 한 번도 훈련에 빠지지 않는 한결같은 모습에 점차 감화된 루디의 동료들은 감독에게 루디를 대신 뛰게 해 달라고 청한다.

경기 당일, 가족들도 경기장에 와서 한마음으로 루디가 나오길 기다린다. 동료 선수들은 루디의 출전을 위해 적극적으로 공격에 임하고 점수 차이를 크게 벌려 놓지만, 감독은 루디를 내보낼 기미를 보이지 않는다. 종료를 얼마 앞두고, 동료들과 관중들은 루디의 이름을 함께 외친다. 결국, 감독은 남은 20여 초 동안 뛰게 한다. 경기를 끝낸 동료들은 루디를 올려 치들고 관중은 열화가 같은 환호를 보낸다. 꺾일 줄 모르는 집념을 보여주는 삶의 한 전형인 루디는 그동안 자신의 꿈을 의심하던 가족들에게 변화를 준다. 아버지와 형은 좌절스러운 모든 상황을 이겨내 꿈을 이룬 루디를 바라보며 인정하고, 함께 환호성을 보탠다.

삶에서 꿈을 향한 한결같은 발걸음의 소중함을 느끼게 하는 이 영화는 한 사람의 생애를 통해 사람들에게 여러 동기부여를 한다. 루디의 어린 동생들은 형을 본받아 꿈꾸고 도전하여 모두 대학에 진학한다. 기량과 체격을 최고로 여기던 동료 선수들과 최고의 선수와 승리에 환호하던 관중들은 한낱 후보에도 들지 못하던 루디의 굳은 의지와 성실에 감동하고 삶의 가치를 깨우친다. 영화의 마지막에 '그동안 노트르담 구장을 루디처럼 열광시킨 선수는 없었다.'라는 문구는 마음을 울린다. 그러고 보면 스포츠는 결과가 아닌 과정이 중요하다.

노트르담 대학교 미식축구팀 선수 대기실에는 "우리가 불리하다고 해도 최선을 다해 승리하리라 말하라."란 표어가 붙어있다. 〈루디 이야기〉가 우리에게 전하고 싶은 메시지는 이런 게 아닐까 싶다. '무엇이 당신을 일으키는가?', 그리고 '아무도 당신의 꿈을 방해할 수 없다.'

사랑하는 친구를 잃은 고교 소녀들의 배구 성장기

미라클 시즌

"배구를 다시 한다는 생각 자체가 고통스럽지만
그래도 할 거예요."

*

*

〈미라클 시즌The Miracle Season〉(2018)은 2011년에 있었던 실화를 바탕으로 제작되었다. 인생은 때때로 우리 앞에 예기치 못한 시련을 던져놓으며, 이런 도전을 어떻게 극복하고 그 과정에서 어떻게 성장할 것인지 우리에게 묻는다. 〈미라클 시즌〉은 이러한 과정을 아름답고 감동적으로 담아낸 작품으로, 슬픔을 극복하고 나아가는 고등학생들의 이야기를 통해 스포츠를 매개로 위기 극복과 그 속에서의 성장을 보여준다.

어린 시절의 추억을 함께 나눈 라인과 켈리는 아이오와주 웨스트 고등학교 배구부에도 같이 들어간다. 시즌 첫 경기를 앞두고 코치는 선수들에게 우리는 지난해의 챔피언이지만 자만하지 말라고 당부한다. 하지만 상대에게 패한 뒤, 장난을 치고 있는 선수들에게 코치가 답답하다는 듯이 한마디를 한다. "이길 수 있는 경기를 놓쳤는데 화난 건 나뿐이니?" 팀의 주장이 된 라인이 답한다. "못한 건 알지만 이미 망친 건 잊어버려야죠." 라인은 긍정적이고 낙천적인 소녀이다. 이에 코치는 경기에 집중할 준비가 되지 않았다며 선수들을 질책한다.

배구 시즌 개막 파티 이후 라인의 갑작스러운 교통사고 사망 소식이 전해진다. 라인의 장례식을 치른 배구팀 선수들은 라인의 빈자리를 느끼며 실의에 빠진다. 어려운 상황 속에서 코치는 결연한 마음으로 다음 날부터 바로 연습을 재개하겠다고 선수들에게 전하지만 체육관에는 겨우 몇 명의 선수만이 모습을 드러낼 뿐이다. 코치는 라인의 단짝 친구 켈리에게 다가가 배구를 다시 시작할 것을 제안한다.

경쟁 팀에게 기권패를 하게 된다는 교내 방송이 나온다. 그러나 곧바로 켈리의 목소리가 방송을 통해 학교 곳곳에 울려 퍼진다. "싸워보지도 않고, 기권이라뇨? 라인이라면 절대 용납 안 했겠죠. 배구를 다시 한다는 생각 자체가 몹시 고통스럽지만 그래도 할 거예요. 라인은 그러길 원했을 테니까요." 체육관에 다시 모인 선수들을 코치가 독려하려 애써보지만, 침울하고 의욕을 잃은 듯한 태도는 어쩔 수가 없었다.

팀 스포츠의 경우 팀워크가 굉장히 중요하며 주장의 역할은 팀 분위기와 팀원들에게 큰 영향을 미친다. 여자 배구 경기를 보면 득점 후에는 서로 손바닥을 마주치며 부둥켜안고 기뻐하며, 실점 후에는 "괜찮아"라고 하며 서로 격려하거나 화이팅을 외친다. 특히 주장은 팀원들을 독려하거나 다독이며 팀의 경기 분위기를 주도한다. 주장이자 공을 배분하는 세터인 라인의 부재는 팀원들이 배구 경기를 하기 어려울 정도로 큰 상실감을 느끼게 했을 것이다.

새로운 세터로 켈리가 선발되고, 코치는 켈리에게 "코트 안의 모든 것이 너를 통해 이루어진다."라고 말한다. 다음 날 아침, 웨스트 팀이 체육관에 들어서고 선수들은 "라인을 위해!"라며 단합된 구호를 외친다. 그러나 경기가 시작되자 켈리는 세터로서 첫 경기라 그런지 다른 선수들과 호흡이 맞지 않고 실수를 연발한다. 결국 팀은 무기력하게 패하게 되고, 켈리는 자책감에 빠져 외진 곳에서 혼자 속상함을 달래던 중 자신을 탓하는 동료 선수들의 푸념 소리까지 듣게 된다.

경기 이후 코치는 목표를 이룰 때까지 체력 훈련을 반복한다고 말하며 훈련 강도를 한층 더 높인다. 선수들이 한계에 다다른 순간, 코치는 켈리에게 서브 기회를 주며 성공하면 훈련을 마치겠다고 제안한다. 그리고 코치가 지정한 위치에 켈리가 서브한 공이 정확히 떨어지며 훈련에 지친 선수들은 기쁨에 서로를 얼싸안는다. 이 모든 것은 켈리의 자신감을 회복시키고 선수들 간의 신뢰를 쌓기 위한 코치의 전략이었다.

가끔 체육 교사나 스포츠 지도자들은 팀의 단합을 위해 어려운 과제를 던져주곤 한다. 어려운 문제를 해결하는 힘든 과정에서 모두가 협력하여 문제를 해결했을 때, 함께 해냈다는 성취감으로 공동체 의식과 팀워크가 더욱 강력해지기 때문이다. 그리고 그 속에서 자연스레 선수들 간의 친밀감이 더해진다.

다음 날 경기에서는 이전보다 더 밝은 분위기 속에서 선수들이 등장하고, 켈리는 라인의 운동화를 꺼내 선수석에 올려놓는다. 씩씩하게 경기에 임하며 각오를 새롭게 한 웨스트 팀은 그날 경기의 승리를 거머쥔다. 코치는 이러한 기세와 자신감이라면 라인을 위한 우승도 충분히 가능하다며 선수들을 격려한다. 웨스트 팀은 연전연승을 거두면서 결승에 오른다. 하나의 목표를 두고 투지를 불태우는 것도 좋지만, 내적 동기가 유발되어야만 자발적으로 즐겁게 스포츠에 참여할 수 있다. 학생선수들은 어린 시절부터 높은 강도의 훈련을 받으며 승리에 대한 목표만으로 스포츠에 임하는 경우가 많아서 대학교를 졸업하고 나면 어느 샌가 스포츠 참여에 대한 의미와 동기는 잊어버리고 아예 그만두는 선수들도 많다. 이와 비슷하게 스포츠 경기의 본질인 경쟁을 즐기기보다는 라인을 기리기 위해 코트에 서 있는 웨스트 팀 선수들은 배구가 재미없게 느껴지고 의무감만 있을 뿐이다.

결승전을 앞두고 켈리는 라인의 아버지로부터 '라인을 위해'가 아닌 '라인처럼 살자(LIVE LIKE LINE)'라고 적힌 카드와 티셔츠를 받고 자기 모습을 되돌아본다. 켈리는 친구와 함께 학교 곳곳에 문구를 게시하고 '라인'의 티셔츠를 사람들에게 나눠준다. 그날 밤, 라인의 아버지는 선수들에게 응원의 말을 전한다. "너희는 이미 챔피언이야. 마을을 하나로 뭉치게 했다." 결승전으로 향하는 버스 안에서 코치는 선수들이 지난 경기들에서 느겼을 부담감에 대해 사과하고, 선수들은 서로를 격려한다. "이번 경기만큼은 기쁜 마음으로 배구를 즐기자!" 켈리는 과거 라인이 했던 것처럼 코치를 따뜻하게 안아주고 다른 선수들도 이에 동참해 서로를 보듬는다. 선수들이 라인에 대한 의무감과 부담감에서 벗어나 진정으로 배구를 즐기고, 경기에 집중할 수 있게 되며, 서로의 진심이 통하는 장면이다. 관중석은 '라인'의 티셔츠로 파랗게 물들어 있다. 켈리는 항상 그래왔던 것처럼 라인의 운동화를 팀의 벤치에 애정 어린 손길로 가지런히 놓음으로써 웨스트 팀은 여전히 라인과 함께하고 있음을 드러낸다.

결승 경기에서 심판이 주장을 호명할 때, 모두가 켈리를 지목하고, 경기가 시작된다. 웨스트 팀은 장신 선수들이 많은 상대팀에게 어려움을 겪으며 연속 두 세트를 내어준다. 그러나 이전 경기에서 많은 실점으로 자신감을 잃었던 한 선수가 투지를 발휘하며 게임의 흐름을 바꿔놓고 경기 분위기가 고조된다. 결국 5세트 동점 상황에서 마지막 공격 기회를 잡아 매치포인트를 성공시키며 팀은 극적으로 역전승을 거둔다. 웨스트 팀 선수들은 라인을 기리는 노래를 부르며 서로 얼싸안고 승리의 기쁨을 만끽한다. 그리고 코치는 켈리를 향해 눈물을 흘리며 칭찬한다. "넌 의심의 여지 없이 최고의 배구 선수야!"

어린 소녀들이 소중한 친구를 잃는 것은 매우 충격적이고 감당하기 어려운 일이다. 하지만 웨스트 팀 학생들은 친구에 대한 사랑을 바탕으로 스포츠를 진정으로 즐기고 몰입함으로써 친구를 잃은 슬픔을 극복하여 많은 이들에게 희망을 안겨주었다. 또한, 친구를 기리는 것에서 출발해 친구에 대한 사랑을 바탕으로 스포츠에 진정으로 열중하는 모습을 보인다. 그렇게 의미있는 승리를 거두기까지, 스포츠의 진정한 가치와 의미를 탐색하게 한다.

삶을 살아가다 보면 때때로 예상치 못한 시련과 어려움에 직면하곤 한다. 그러한 순간에 웨스트 팀 학생들처럼 그 순간을 즐기며 집중해보는 것은 어떨까. 이렇게 하면 삶은 우리에게 이렇게 답해줄지 모른다. "넌 의심할 여지 없이 최고야!" 이 책을 보고 있는 청소년들, 특히 여학생들을 응원해 주고 싶다! "너희에게는 어떤 일이 있어도 잘 극복해낼 힘이 있고, 그를 통해 한층 성장할 거야. 너희를 응원한다!"

K–여고생 만복이, 제 나름대로 걷다!

걷기왕

"너무 걱정하지 마세요. 잘 도착할 겁니다."

✳

✳

좁은 땅 밀도 높은 한국 사회는 압박이 상당하다. 짧은 시간에 초고속 성장을 이루며 경쟁과 속도의 가치를 우선시한다. 근래 세계적으로 부는 한류 열풍은 높아진 나라의 위상을 반영하는 반면, 밝은 면이 있으면 그림자도 있다는 진리를 반영하듯 젊은 이들은 '헬조선'이라 부르며 한국을 떠나고 싶어한다. '힐링', '워라밸' 등 쉼을 추구하는 용어도 여기저기서 인기다. 〈걷기왕〉(2016)은 대한민국의 '빨리빨리' 압박 문화에 지쳐가는 학생들에게 조금 천천히 가도 괜찮다는 위로를 전달한다. 속도보다 방향을, 혼자보다 함께 걷기를 생각해 보자.

강화도의 아름다운 시골길, 주인공 만복이가 등장한다. 어떤 이동 수단이든 이용하기만 하면 멀미를 하는 '선천성 멀미 증후군'이 있어 어디를 가든 걸어서 가야 한다. 영화 첫 시작 화면의 배경, 구도나 주인공의 설정부터 서행이다. 만복이라는 이름도 발음대로하면 만보기이고, 느릴 만(晩)에 복 복(福)자를 써 중의적 표현을 하지 않았나 싶다. 시골길, 소와 경운기, 늦둥이 동생까지 서행감을 제공하는 장면들도 간간이 연출된다. 버스를 못 타는 만복이는 등교하기 위해 집에서 매일 아침 일찍 출발해 2시간을 걷는다. 피로감에 수업 시간에는 아예 엎드려 자는 게 다반사다. 만복이는 선생님의 권유를 따라 아는 것도 없이 육상부에 들어가 새로운 생활을 시작한다. 걷기를 잘하는 만복은 육상의 '경보' 종목•을 배정받는다.

만복이는 어엿한 육상부원으로서 일상을 보내기 시작했지만 얼마 안 가 곧 중도 포기한다. 시합장소까지 시간 맞춰가려면 뭔가를 타고 가야 했기 때문이다. 그나마 하던 육상도 그만두고 나면 아무것도 안 될 것 같은, 혼자만 뒤처지는 불안감을 느끼며 괴로워한다. 담임 선생님은 의기소침한 태도를 보이는 만복이에게 다시 끝까지 해보라고 격려한다. 선생님은 노력해도 안 되는 것이 있는 것 같다고 말하는 만복의 손을 꼭 잡으며 격려한다. "노력에는 끝이 없단다."

만복이는 육상부로 복귀하고, 그런 만복을 한심하게 바라보며 냉대하는 선배 수지에게 솔직하게 말한다. "선배 말이 맞아요. 공부는 어려워서 못 하겠고, 운동은 쉬워 보여서 시작한 거예요. 그런데 이젠 이거라도 안 하면…, 무서워서요." 이 순간, 수지는 만복이에게 묘한 동질감을 느낀다.

전국체전에 출전할 기회를 얻은 만복은 심한 부담감을 느낀다.

• 경보(race walk, 競步): 두 발 중 한 쪽의 발이 항상 지면에서 떨어지지 않게 하며 빨리 걷는 것을 겨루는 육상 경기다. 고대올림픽 때부터 행하여져 왔고, 올림픽대회 및 세계선수권대회 등에서는 남자/여자 20㎞와 남자 50㎞가 정식종목으로 지정되어 있다.

코피를 흘리고 발가락이 짓물러 터지도록 훈련한다. 대회일 가까이에 대회 장소가 서울이라는 것을 알게 된 만복이는 대회 전날 다들 모르게 서울을 향해 걸어서 출발한다. 수지는 발목 부상으로 힘든 상황이지만 만복이를 차마 혼자 보낼 수 없어 함께 떠난다. 둘은 아무도 가르쳐 주지 않아도 그렇게 서로를 의지하며 길을 열어간다. 빨리 가려면 혼자 가고 멀리 가려면 함께 가라는 아프리카의 속담을 떠오르게 하는 장면이다.

부상 악화로 더는 갈 수 없는 수지는 만복에게 힘을 실어 주고, 만복은 다음 날 아침에야 대회장에 도착한다. 장거리 종목인 경보 경기는 장시간 페이스를 조절해야 하지만, 만복이는 시작부터 무리하여 속도를 낸다. 처음에는 동요하지 않던 경쟁 선수들도 만복이가 계속 밀어붙이자 다 같이 속도를 올린다. 시작부터 흔들리는 상태에서 한 선수가 넘어지자 뒤엉키며 다 같이 넘어진다. 만복이는 비틀비틀 일어나 또 치고 나가는 경쟁자, 어서 일어나라고 고함치는 관중들, 그리고 피로 얼룩진 자기 발을 번갈아 보며 생각한다. '난 왜 이렇게 빨리 달려왔지? 조금 느려도 괜찮지 않을까?' 이때, 심판이 다가와 채근한다. "계속 뛸 거예요, 말 거예요?" 만복은 배시시 웃으면서 대답한다. "그만 할래요."

스포츠 영화 나름의 공식이 있지만 이 영화는 완전히 반대로 흘러간다. 노력과 재능과 열정을 뺀 스포츠 영화라니, 낯설다면 낯설고, 싱겁다면 싱겁다. 하지만 영화를 다 보고 난 다음에는 이 영화가 가진 잔잔한 메시지에 주목하게 된다. 열정을 불태우면 무엇이든 할 수 있다는 믿음은 어쩌면 많은 이들의 꿈과 삶의 방식을 해쳐 왔다. 이 영화에서 노력과 열정은 스스로를 의심하게 만들고, 불안하게 하며, 다쳐도 계속 걷게 만든다. 목표를 향해 달리기만 하면 주변 풍경은 언제 만끽하는가? 앞만 보던 만복이, 드러누운 채 하늘을 바라보는 결말로 우리는 해방감을 경험한다. 필자는 그것 또한 용기라고 생각한다. 만복의 친구 지현이 공무원 시험을 준비하는 모습 또한 비판할 게 아니라, 제 나름의 속력과 방향이므로 인정하고, 응원해야 한다. 그것이 열정과 집념의 오류를 역설하는 이 영화의 교훈 아닐까? 삶은 결과가 아닌, 과정으로 설명되니까.

누구나 저마다의 인생길을 걸어간다. 그런데 학생들 각자의 꿈을 키우도록 도와야 하는 학교마저도 그 시점의 특정 일부 능력을 숫자로 즉, 점수로 매기고, 비교하여 위치를 정한다. 이 영화는 우리가 타고난 걷기마저도 경쟁하게 만드는 모습을 통해 이런 세태, 이런 세상을 꼬집는다는 생각이 든다.

우리는 늘 헤맨다. 그래서 방향을 정해야 할 때 주위 사람들에게 자꾸 묻는다. 이 말도 맞고 저 말도 맞다. 어느 정도 일리 있는 말들이다. 하지만 내게 꼭 맞는 말인가? 그렇게 우리는 혼란 속에 걸어간다. 그러나 걷기에 헛걸음이란 없다. 헛걸음이라고 생각했던 그 발자취들은 시간이 지난 후 삶의 순리를 이해하는 재료로 쓰인다. 매년 걷기 수업을 할 때는 학생들에게 부모님 심부름으로 헛걸음하게 되어도 갔다 온 걸음만큼 건강해진다고 가르치기도 하지만 그 너머의 것은 말하지 않았다. 그것은 걷다 보면 자신들 스스로가 누구보다 더 분명히 알게 될 것이기 때문이다. 아무도 대신 걸어줄 수 없고, 학생들 각자 그 많은 걸음을 직접 걸으며 알게 될 것이다. 세상은 '빨리빨리' 정답을 강요하지만 우리에게는 그 헛걸음의 시간들이 분명 필요하다.

극중 체육 선생님의 명대사로 글을 맺는다. "육상은 정해진 코스를 달리는 거지만 우리네 인생은 자기만의 길을 찾아 헤매는 과정이 아닐까요? 너무 걱정하지 마세요. 잘 도착할 겁니다."

야구의 전설이 된 최초의 아프리카계 메이저리거

42

"내게 등번호를 주시면 나의 용기를 드리겠습니다."

〈42〉(2013)는 메이저리그 최초의 유색인종 선수인 잭 루스벨트 로빈슨의 실제 이야기를 다룬 작품이다. 통산 타율 0.311, 안타 1518개, 홈런 137개, 타점 734점 및 3할 이상 타율을 6회나 기록한 그의 화려한 성적 이면에는 가혹했던 인종차별을 이겨낸 더욱 위대한 업적이 숨어있다. 2차 세계 대전 이후에도 미국은 흑백 분리가 여전하였다. 메이저리그에서도 이와 다르지 않아, 1946년까지 16개 팀의 선수 400명 모두 백인이었다. 철옹성 같은 이 숫자는 마침내 1947년 개막전 때 399명으로 무너진다. 그 시작이 이 영화의 주인공이다.

1945년 봄, 다저스의 단장은 흑인 선수를 영입하겠다는 발표를 한다. 팀의 운영진은 언론의 비난과 팬들의 거센 반발을 내세워 반대한다. 앞서 이야기한 〈글로리 로드〉에서도 흑인 선수 영입에 대한 분위기는 비슷했다. 이로 보건대 미국 내 인종차별 문제는 길고도 긴 싸움인 듯하다. 두 영화의 공통점이 있다면 선수 영입에 대한 감독, 단장의 단호함이다. "흑인 선수를 영입하는 것이 법을 어기는 것은 아니지 않나?" 다저스 운영진은 단장의 말에 동의는 하면서도 깊은 우려를 내비치며 흑인 선수의 영입을 반대한다. "법을 어기고 그것을 잘 모면한다면 똑똑하다는 평을 받을 수도 있지만, 사회적으로 팽배한 관습과 불문율을 깨는 것은 오히려 외톨이가 될 것입니다."

반대에도 불구하고 단장은 영입할 흑인 선수를 물색하던 중 26살의 잭을 지목한다. 캘리포니아주립대학교(UCLA)에서 백인 학생들과 어울려 운동한 경력과 아프리카계 및 라틴계 미국인으로만 구성된 팀들의 마이너리그 성격인 니그로 리그(Negro League)에서의 높은 타율이 눈길을 끈 것이다. 하지만, 다저스 감독은 잭이 육군 장교로 복무하던 때 군법회의에 넘겨진 사건을 문제 삼는다. 회부 사유는 부대 버스의 백인 자리에 앉은 것이었다. 결국 무죄 판결을 받았지만, 흑인이 백인 자리에 앉은 행위는 여전히 문제라는 식이다. 단장은 그 상황이 흑백의 입장이 서로 바뀌면 '기백'이라고 불릴만한 차별의 문제라며 잭을 두둔한다.

개인이나 집단의 특성을 이유로 부당하게 구별하여 대우하는 것만큼 기분 나쁜 일이 있을까? 동등한 조건에서 동등한 결과를 만들어 내도 인종이 다르다는 이유로 하나는 틀리고, 하나는 맞는다고 판결을 받는다면 부당한 일이 된다. 특히 체육에서는 다양한 신체 활동이 규칙을 통해 평등과 공정을 보장받는다. 모든 심판 판정이 기계처럼 정확하게 결론이 나지 않을 수도 있지만 적어도 형평성이라는 본질까지 훼손된다면 모든 활동의 의미 자체가 상실되고 말 것이다. 학생들이 체육 활동 중 차별받았다 느꼈을 때 당사자 간의 감정 충돌이 더욱 커 보인다. 하물며 스포츠계에서의 차별 문제인지라 주인공 잭의 귀추가 주목된다.

'최초라는 것', '유일하다는 것'에 대한 부담감은 개인이라는 단수일 때 더 크고 고독하게 느껴진다. 야구, 농구 모두 팀 스포츠이기는 하나 타석에서 투수를 상대하는 타자는 철저하게 개인의 공간에 몰입하게 된다. 더군다나 잭은 자신만 다른 색으로 또 그 색을 싫어하는 사람들이 모인 그곳에 홀로 서 있다. 1945년 8월 28일, 단장은 독설과 차별 속에서 최초 흑인 메이저리그 선수로서의 각오를 점검한다. "어떠한 상황에 부딪혀도 성질 내지 않을 수 있는가?" 잭은 "맞서 싸울 용기도 없는 선수를 원하느냐?"라며 단장의 영입 제안에 응한다. 그러나 현실은 생각보다 냉혹했다. 백인 전용 화장실을 썼다는 이유로 예약된 비행기표를 취소하는가 하면 그들의 표를 다른 백인에게 건네기까지 한다. 야구의 문제도 아닌 심각한 인권침해에 공분이 절로 난다. 하는 수 없이 장시간 버스를 타고 스프링 캠프에 도착한 잭 부부를 단장이 섭외한 전기 작가인 스미스가 반갑게 맞이한다.

스포츠 세계에는 선수만 존재하는 것이 아니다. 경기력 향상과 브랜드화를 위해 다양한 조력자들이 함께한다. 이 영화에서는 프로 구단의 운영 목적을 넘어서 역사를 써 내려가는 전기 작가의 역할이 더 중요해 보인다. 인종차별이라는 급물살에 역행하는 한 사람을 누구보다 가까이에서 선명하게 그려내야 하기 때문이다. 그런 의미에서 스미스는 조력자이기보다는 스스로 잭이라 생각하고 동행한다. 경기는 한 개인의 문제가 아니다. 팀워크나 경기력의 문제도 아니다. 그러나 팀이 좋은 성적을 내야 그 다음 스텝도 논의 거리가 되지 않는가? 전기 작가는 최초 흑인 야구 선수의 역사적 의미를 기록하고 색안경을 벗기기 위해 갖은 노력을 기울이기에 주인공만큼이나 중요한 존재라고 할 수 있다. 누구나 선수 경험을 해볼 수 있지만, 모두 선수가 될 수도 없고, 그럴 필요도 없다. 실질적인 운동 능력이 떨어져도 경기를 운영하는 심판으로, 경기를 기록하는 기록원으로, 또는 전략적인 부분을 코치해 주는 스텝으로, 심지어 관중으로서도 누구나 경기에 참여할 수 있다. 이제는 본인의 장점과 관심사로 "저는 운동을 못해요."가 아닌 "저는 스포츠에서 이런 부분을 좋아하고 잘해요."라고 이야기하는 것이 이상적인 시대를 좇는 변화다. 그러한 면에서 보면 전기 작가도 함께 야구장에서 뛰는 것이나 다름없다.

잭이 캠프 기간에 묶는 숙소의 주인은 잭이 훈련에 처음 참여한 날, 그곳의 모든 유색인 꼬마들이 야구를 했고, 잭은 '모든 아이의 영웅'이라는 말을 건넨다. 당시 미국인들에게 가장 사랑받는 스포츠인 야구에서, 잭의 메이저리그 진출과 활약은 미국 사회 전반에 지대한 영향을 미쳤을 것이다.

우리나라도 1997년 외환 위기를 겪었다. 사실상 대한민국에서 최초로 일어난 경제위기 사태에 모든 국민이 충격에 빠진 그날이다. 그 후 1998년 필자가 초등학교 5학년 때 즈음, US Women's Open에서 박세리 선수가 우승을 했다. 지금도 선명한 것이 친구들끼리 씨름판에서 양말을 벗고 방송에서 나왔던 노래를 배경음악으로 부르며 박세리 선수의 트러블 샷을 흉내 냈던 추억이 있다. 모두가 힘들고 어려웠던 시절 국민에게 희망을 심어주는 불굴의 투지는 감히 스포츠에만 있다고 말하고 싶다. 스포츠 영웅들의 업적에 대한 상징성은 늘 상기해 봐도 가슴 뭉클한 감정과 더불어 도전 정신을 일으킨다. 그때 당시 태어나지도 않은 학생들과 2002 월드컵 대한민국의 득점 장면을 재연하고, 아직도 감동을 서로 나누는 것도 같은 감정일까? 마음속에 저장해 놓은 스포츠 영웅과 장면들이 세월이 지나도 필자의 인생에 영향을 끼치는 건 맞는 말이다.

하위 리그 성격이 강한 시범 경기 때 등번호 9번의 잭은 흑인에게는 환대를, 백인에겐 독설을 들으며 등판하지만, 이는 야구라기보다는 괴롭힘 수준이었다. 상대 투수는 잭의 얼굴로 연이어 위협구를 던진다. 사구(四球)로 1루를 밟은 잭은 연속 도루로 3루에 도달한다. 경기장의 분위기는 잭의 플레이로 완전히 반전한다. 곧이어 잭은 홈스틸을 시도하고, 당황한 투수는 보크를 범한다. 이렇게 잭은 자신의 존재감을 스포츠맨십과 실력으로 점차 입증해 간다.

실력에 대한 인정과 인종의 차이에 대한 인정은 동시에 이뤄질 수 없을까? 야심한 밤, 어느 백인 노인은 잭을 달가워하지 않는 마을의 청년들이 잭에게 위해를 가할 것이라는 협박을 전한다. 아무래도 경기에서 보여준 그의 성과가 독이 된 것 같다. 전기 작가는 영문도 모르는 잭을 깨워 야반도주하게 된다. 이 얼마나 황당한 일인가. 잭은 이러한 해프닝이 자신을 팀에서 퇴출하려는 줄로 착각했다며 너털웃음으로 놀란 전기 작가를 달랜다. 잭이 단장에게 보여준 각오는 생각보다 더 컸음을 이해하게 한다.

또 다른 시범 경기에서 잭을 비하하는 비난과 응원의 소리가 뒤엉킨다. 잭은 이날도 홈스틸을 통해 득점한다. 그런데 심판이 아닌 보안관이 나와서 잭이 법을 어겼다면서 퇴장 조치를 한다. 곤봉을 손에 쥔 채 "검둥이는 백인과 같이 경기할 수 없다."라는 이상한 규정을 들이댄다. 항의하는 감독에게도 아무리 야구를 잘할지라도 삶의 방식까지 바꿀 수 없다는 뜬금없는 설교까지 이어간다. 결국 잭은 경기장을 떠나는 방법으로 싸움을 피한다. 최소한의 인권조차 보장받지 못하는 상황에서 더 나은 미래를 꿈꾸는 일은 그야말로 허황된 꿈같은 일이었을 테다. 하지만 잭은 자신이 할 수 있는 야구로 깨지지 않을 것만 같은 견고한 차별의 벽에 조금씩 균열을 내고 있었다. 이제는 잭을 응원하는 백인들이 하나둘씩 생기기 시작한다.

1947년 3월, 잭이 입단할 다저스팀은 파나마 시티로 봄 캠프를 오게 된다. 기존 선수들은 '어떻게 흑인과 같이 샤워를 하며 생활하라는 것이냐?'라는 이유로 잭의 입단을 반대한다. 감독은 반대 의견에 대해 "승리를 위해서라면, 검든 노랗든 얼룩무늬든 중요하지 않다. 이번은 첫 번째일 뿐, 앞으로 재능 있는 흑인들이 리그에 들어올 것이고 실력으로써 살아남지 못한다면 그 누구든 교체될 것이다."라고 답변한다. 오늘날의 스포츠는 결과가 중요해 보인다. 우리나라 대전이 연고인 한화의 연이은 리그 하위 기록이 감독 교체와 신예 발탁이라는 변화 노력에도 마냥 박수받지 못하는 것을 보면 그러하다. 그런 측면에서 보면 잭은 팀 승리의 주역임에도 흑인이라는 이유만으로 받는 차별대우는 영화를 보는 내내 극단적인 반감을 자아낸다. 시범 경기에서 6할이 넘는 타율을 기록하고 정식 입단할 잭을 향한 보도는 여전히 가혹하다. 구단의 이미지에 대한 보도 역시 부정적이다. 엎친 데 덮친 격으로 감독마저 협회로부터 한 시즌 출전 정지를 당한다.

이러한 상황 속에서 단장은 잭과 정식 계약을 하게 된다. 실제로 1947년 시즌이 시작되기 6일 전에 계약을 마치게 된다. 그리고 시작된 1947년 4월 15일 첫 경기. 만 4000명 이상의 흑인을 포함한 2만 6623명의 관중이 모인 그 자리에서 잭은 어떤 기도를 했을까? 경기장에 들어선 등번호 42번의 잭은 어디서나 다르지 않게 야유를 받는다. 사실 단장이 살펴본 영입 후보들 가운데는 잭보다 더 뛰어난 선수들도 있었다. 왜 하필 잭이었을까? 그것은 옳은 것에 대한 신념과 자신을 존중하는 태도 때문에 선택한 것이라는 생각을 해 본다.

이 영화는 우리에게 여러 질문거리를 던진다. 차별 상황에 직면한다면 나는 어떻게 해결할 것인가. 다툼으로, 대화로, 법적으로? 잭의 대처는 바보 같거나 더뎌 보이지만 중요한 메시지를 시사한다. 사필귀정(事必歸正), 무슨 일이든 결국 옳은 이치대로 돌아간다. 결국 옳은 가치와 신념에 따라 묵묵히 자신의 것을 할 수 있어야 한다. 누가 알아봐서가 아니라 옳은 일이기 때문에. 이를테면 학교 안에서는 학교폭력 문제가 발생하면 옳고 그름의 문제보다는 상대방이 잘못한 건 없는지를 찾는 것이 먼저인 듯 보일 때가 많다. 옳은 방향을 제시하면 '어느 쪽에 치우친다.'라며 공격을 당할 때가 많다. 그러나 결국 옳은 이치대로 돌아가리라.

묵묵히 걸어온 잭도 자신을 포함한 아내와 동료까지도 모욕하는 상대 팀 감독의 언사에 평정심을 잃는다. 다시금 마음을 추스르고 올라간 타순에서 여론을 바꾸는 이슈가 생긴다. 상대 팀 감독은 역시나 모욕적 언사로 잭을 방해한다. 함구로 대응하던 다저스 선수들 가운데 한 명이 상대 감독에게 다가가 강하게 항의한다. 잭은 이에 부응하듯 2루타를 날린다. 이후 도루 성공과 상대의 실책으로 3루까지 간 잭은 동료의 안타로 스탠딩 홈인 한다. 이날 경기 이후, 상대 감독에 대한 비난 여론이 거세지고, 이를 잠재우기 위해 진심이든 아니든 보여주기식 화해의 장면이 유명 스포츠 잡지 표지를 장식하며, 가장 극우적인 백인 감독과 흑인 선수와의 화합으로 홍보된다.

1947년 5월 17일의 경기에서 잭은 투수가 고의로 타자의 머리 부분을 노리고 던지는 투구인 빈볼(Beanball)을 맞고 쓰러진다. 두 팀의 선수들이 몰려나와 뒤엉켜 몸싸움을 벌이는 벤치클리어링(Bench-Clearing)이 일어난다. 여느 때 같으면 같은 팀원도 당한 잭을 조롱했겠지만, 이제는 한 팀으로 새역사를 써간다. 잭은 1947년에 신인상, 1949년에는 내셔널리그 MVP로 선정된다. 1957년 1월 은퇴 선언 후 5년 만인 1962년, 아프리카계 미국인 최초로 명예의 전당에 헌정된다. 그리고 흑인 인권운동과 인종차별 폐지 운동을 활발하게 전개한다. 매년 4월 15일, 메이저리그의 모든 선수는 42번을 착용하여 잭의 업적을 상기한다. 등번호 '42'는 모든 구단에서 영구결번된 유일한 번호다.

잭의 업적을 둘러싼 여러 측면 중에서, 필자는 특히 '차별'이라는 문제를 중점으로 보았다. 차별은 전체적인 사회 발전을 저해하는, 다른 표현으로 폭력이라고 생각한다. 특히 스포츠 본연의 가치를 발휘하는데 절대 적용될 수 없는 인종, 외모, 성 등의 차별들은 규칙 안에서 경주하는 진정한 스포츠인과 스포츠에 대한 폭력이다. 폭력을 폭력으로 대응하지 않은 잭. 결국 막강하고 거대한 폭력의 집단과 사상도 스포츠가 지닌 공명(共鳴)의 힘으로 바꾸어 나갈 수 있다는 희망을 품게 된다. 작지만 의미 있는 노력이 결국 좋은 문화를 만들어간다. 아직도 어딘가에서 차별로 좌절을 맛본 누군가가 있다면 영화 〈42〉를 통해 의미 있는 노력에 대한 인정을, 그리고 마음에 위로를 받았으면 좋겠다.

소리는 귀로만 듣는 게 아니다! 야구로 하나 되는 충주성심학교

글러브

"야구는 혼자 하는 게 아니거든요."

장애와 스포츠. 소리를 듣지 못하는 야구 선수. 서로 대화하지 못하는 팀. 우리가 흔히 알고 있는 스포츠의 모습은 아니다. 스포츠는 그 무엇보다 건강을 상징하는 것이고, 야구 경기는 언제나 서로 소리치며 소통하는 선수들과 응원의 함성으로 가득 차 있다. 그렇다면 귀가 들리지 않는 사람은 스포츠를 즐길 수 없는 것일까? 말을 하지 못하면 야구 선수가 될 수 없는 것일까?

그러한 장애쯤은 문제도 되지 않는다는 듯 야구로 소통하며 하나가 된 사람들의 이야기가 있다. 영화 〈글러브〉(2011)는 야구에 대한 사랑이 장애마저도 이겨버리는 충주성심학교 야구부의 영화 같은 실화를 다룬 이야기이다.

2007년 대통령기 전국 중학 야구 대회 결승전에서 투수가 정신을 가다듬고 온 힘을 다해 던진 공에 배트는 허공을 가르고 팀은 승리한다. 운동장에는 환호가 가득하지만, 공을 던진 투수는 갑자기 괴성을 지르며 귀를 막고 쓰러진다. 또래 중 단연 유망한 선수로 꼽히던 명재는 그렇게 한순간에 청력을 잃고 충주성심학교의 학생이 된다. 그는 점점 옅어지는 청력만큼 야구도 싫고 학교도 싫고 삶의 이유를 잃은 채 하루하루를 살아가는 중이다.

한편, 프로야구에서 상남은 유능한 투수로 이름을 날리고 있지만, 매니저는 상남이 벌인 폭력 사고를 수습하느라 진땀을 흘린다. 아무리 3년 연속 MVP, 한 경기 최다 탈삼진, 한 시즌 최다승, 최다 연승의 빼어난 실력을 갖췄다고 해도 운동장 밖에서 이어지는 사고에 경찰도, 구단도, 협회도, 팬들도 점점 마음을 돌리고 있다. 이러한 상황에도 오로지 이 선수를 위해 무릎을 꿇고 비는 것도 마다하지 않는 매니저의 노력으로 상남은 사회봉사로 이미지도 쇄신할 겸, 청각장애 학생들로 구성된 '충주성심학교 야구부'의 지도자 자리를 떠맡게 된다.

그렇게 성사된 상남과 야구부의 첫 만남. 선수들은 새로 온 감독을 환영해 주지만 겨우 10명뿐인 인원도, 도무지 모를 수화(手話)도 상남의 마음에는 영 탐탁지 않다. 원하는 모든 팀이 예선 없이 출전이 가능한 봉황기 전국 고교야구대회에 나가서 1승을 하겠다는 교감의 말에 자신이 평생을 몸 바쳐 온 야구를 우습게 보는 것 같은 생각이 든 상남은 전국 대회에 나가려면 얼마나 많은 선수가 힘든 고통을 견뎌내는지 아냐며 큰소리를 쳤다. 그러자 옆에 있던 선생님이 되받아친다. "우리 아이들이 어떤 고통 속에서 살고 있는지 아세요?"

다음 날 아침, 억지로 아침잠을 깬 상남은 아이들의 연습경기를 본다. 실수를 연발하는 실력에 한숨이 깊어지지만, 끝까지 격려하고 응원하는 선생님과 열심히 경기에 임하는 아이들을 향해 조금씩 궁금증이 생기기도 한다. 상남은 잘나가는 선수인 자신이 이런 허름한 곳에서 지내는 것이 헛헛한 마음이 들어 매니저에게 전화해 이런저런 넋두리를 늘어놓는데 어디선가 야구공 소리가 들린다. 소리의 끝을 따라가다 보니 온몸이 땀에 젖도록 힘을 다해 공을 던지는 명재가 보인다. 무언가 한에 맺힌 듯 쥐어짜 내는 처절한 움직임이다. 그 모습 뒤로 어릴 적 자신의 모습과 겹쳐 보인다. 누구보다 야구를 사랑했고, 그 마음 하나로 야구만 바라봤던 과거의 자신! 가슴속에 그때 그 열정이 다시 꿈틀거린다. 도대체 이 아이들은 왜 그토록 고통스러운 야구를 선택했을까? 많은 사람들과 소통하며 호흡을 맞추어야 하는 야구는 그들에게 어떤 의미가 있을까?

명재는 상남의 설득 끝에 야구부에 입단한다. 성심학교 야구부에서의 첫 투구. 역시 중학생 때 유망주는 다르다는 것을 보여주며 전국 대회 1승의 기대감을 높이지만 상남은 시큰둥하다. 그날 이후로 야구부의 훈련 강도는 더욱 강해진다. 상남은 수비 연습을 돕고자 공을 쳐서 보내는 펑고(fungo)를 직접 하며 수비, 주루, 타격 등 기본기를 잡아간다. 선수들이 못 할 때마다 날리는 타박과 꾸중은 덤이다. 선생님은 제 몸 하나 챙기기도 어려운 아이들에게 야구를 본업같이 여기는 선수들처럼 다루는 것은 무리라면서 훈련 방식에 반기를 든다. 하지만 상남은 잘하는 투수 한 명 있으면 1승이 가능하다고 안일하게 생각하는 게 한심하다. "야구는 혼자 하는 게 아니거든요!"

양쪽 파울라인은 97.53m(320피트), 중앙은 121.92m(400피트) 이상 되는 어마어마한 크기의 운동장에 우리 팀 선수가 9명이 있다. 그들은 서로 멀찌감치 떨어져 있고, 한 사람이 책임져야 하는 공간도 상당하다. 이들이 한 팀, 진정한 하나가 되는 방법은 그저 서로를 믿는 것뿐이다. '나 아니어도 우리 팀 선수가 이렇게 많은데 누군가는 하겠지.'라고 생각하는 얕은 믿음이 아닌, '반드시 내가 책임진다. 그리고 내 곁에는 나에게 힘을 주는 우리 팀이 있다'는 끈끈함이다. 야구에 관심이 있는 사람이라면 잘 던지는 투수 한 명이 있다고, 잘 치는 타자가 한 명 있다고 반드시 승리하는 건 아니라는 것쯤은 알 것이다. 어느 감독의 말처럼 팀보다 위대한 선수는 없다. 모든 팀 스포츠가 그렇듯 야구에서도 아무리 잘해도 선수 한 명일 뿐이다. 팀 스포츠의 목표 또한 늘 '팀의 승리'이다.

경기 후에 선수들의 인터뷰를 들어보면 자신이 잘한 부분을 드러내기보다는 팀이 승리해서 기쁘다는 이야기들을 많이 한다. 야구 경기 역시 팀 경기이고 팀이 승리했을 때 선수 개개인에게도 의미가 있다. 그러한 공동의 목표를 위해, 야구에는 그 어떤 스포츠에도 없는 작전이 있다. '희생 플라이', '희생 번트'가 그것이다. 자신은 아웃이 되더라도 우리 팀의 주자를 한 베이스 더 보내어 득점을 꾀하는 '희생'이라는 이름의 작전. 야구에서 '희생' 작전을 성공한 선수는 고개 숙이고 들어가지 않는다. 자신의 타석이 실패가 아니기 때문이다. 상남은 아이들이 야구의 이런 부분까지 깊게 이해하고 야구를 통해 진정한 '우리'의 의미를 알아가기를 원한다.

상남은 지난해 4강에 올랐던 전통의 강호 팀을 초청해서 평가전을 한다. 명재는 최선을 다해 투구하지만, 성심학교의 수비는 실망스럽다. 결국 믿었던 명재마저 흔들리며 홈런을 맞는다. 겨우 갖게 된 공격 기회에 자신 있게 임하려고 하지만 상대의 강한 공에 점점 위축된다. 성심학교 선수들은 최선을 다하지만 결국 안타 하나 쳐보지 못하고 32:0으로 대패한다.

상남은 얼굴에 알 수 없는 화로 가득한 아이들을 불러 놓고 강하게 질책한다. "야구는 잘하는 투수 혼자 하는 게 아니라는 거 오늘 경기로 충분히 느꼈으리라 믿는다. 우리에게 가장 무서운 상대는 도저히 이기기 힘든 강팀이 아니다. 바로 우리를 불쌍하게 보는 팀이다. 그런 놈들을 만나면 열심히 해보고 싶은 마음이 사라지니까. 붙어보고 싶은 마음이 없어지니까! 그래서 우리가 먼저 다르게 보여줘야 한다." 상남의 진심 어린 마음이 전해져 아이들은 악에 받친 울음을 토해내고 온통 눈물바다가 된다. 그렇게 상남과 선수들은 진정으로 '우리'가 된다.

상남의 말대로 야구는 혼자 하는 게 아니다. 경기장 위에는 9명의 선수가 있지만, 마음으로 함께 하는 대기 구역(Dugout)의 선수들과 응원을 보내는 이들이 있다. 투수는 뒤에 있는 수비수들의 부담을 덜기 위해 최선을 다해 공을 던지고, 야수들은 그 어떤 공도 잡아내려고 몸을 던진다. 그리고 주자들은 어떻게든 한 베이스라도 더 가려고 애를 쓴다. 경기가 끝나면 선수들의 경기복은 흙투성이가 된다. 그렇게 구르면서까지 임하는 이유는 바로 '우리'의 승리를 위함이다.

처절한 패배 뒤 아이들은 밤이 깊어도 연습에 열중한다. 삼삼오오 모여 부족한 점을 채우고, 자신들이 할 수 있는 방식대로 사인(sign)을 만들며 수도 없이 반복해 연습한다. 들리지 않으니 보이는 부분으로만 순간을 감지하여 작전을 수행하기는 여간 어려운 일이 아니다.

야구에서 소리는 어느 스포츠보다도 중요한 요소다. 타격 때의 경쾌한 소리, 공이 미트에 꽂힐 때 소리, 공의 향방에 따라 엇갈리는 환호와 탄성은 야구팬의 즐거움이다. 선수들에게도 소리는 중요하다. 투수는 타격 순간의 소리로 홈런을 직감하고 실투를 후회한다. 수비는 타구의 방향뿐만 아니라 타격할 때의 소리를 듣고 감각적으로 공이 낙하하는 지점과 시점을 예측하기도 한다. 또한, 수비수 사이로 애매하게 날아간 공을 누가 처리할지를 외칠지라도 부딪혀 부상당하는 일이 종종 생긴다. 이처럼 야구는 듣지 못하고 소리를 낼 수 없으면 절대적인 불리함을 떠안는 스포츠다.

소리는 고사하고 그 소리를 대신할 수단조차 없으면 얼마나 어려우랴. 이 영화가 나올 무렵에는 국립국어원 수어사전에 등록된 야구 용어는 몇 단어에 불과하였다. 이 탓에 같은 팀끼리는 사전 약속으로 소통이 가능하더라도 상대 팀이나 심판과는 의사전달이 어려웠다. 다행히도 2017년에 한 프로야구단이 '세상에 없던 말'이라는 사회 공헌 프로젝트를 통해 필수적인 야구 수어를 만들어 보급하였다.• 이 노력으로 청각장애인이 소통하는 야구를 하게 된 것처럼, 우리 사회는 나에게는 당연하다고 생각한 것들이 누군가에게는 그렇지 않다는 사실을 받아들이고 서로 다독이는 세상이 되어가고 있다.

상남은 땀 흘리며 투구 연습을 하는 명재에게 미뤄왔던 마음을 꺼낸다. "투수가 아무리 잘해도 혼자서는 이길 수 없어. 왜냐하면 언젠가는 맞게 되어 있으니까. 그러니 우선 네 동료를 믿어. 여기까지가 교과서에 나오는 이야기고, 경기를 하다 보면 투수가 전부라고 생각해야 하는 순간이 분명히 꼭 온다. 그때는 누

• 박현철(2017. 6. 16.). 야구장 밖에서 더 간절했던, 소통이 시작됐다. 한겨레. https://www.hani.co.kr/arti/society/society_general/799143.html

가 뭐래도 네 뜻대로 가. 포수 뒤에는 아무도 없지만, 투수 뒤에는 7명의 동료가 있다. 내가 죽으면 전부 다 죽는다는 생각으로 혀 깨물고 던져. 잊지 마."

아이들은 전교생의 환송을 받으며 봉황기 대회장으로 출발한다. 미리 들어가 둘러본 경기장에서 상남은 강조한다. "그라운드에는 숨을 곳이 없다. 너희가 흘린 땀을 믿고 뛰어라." 야구에 사랑이 있다는 것을 아느냐며 가리킨 전광판에는 'GLOVE'라는 글자가 보이고 천천히 G가 사라지자, LOVE가 더욱 선명하게 보인다. 서로에 대한 사랑으로 똘똘 뭉친 아이들은 그토록 그려온 꿈을 품고 경기장으로 뛰어나간다.

대회 첫 경기는 아이러니하게도 평가전 상대로 맞서 처절하게 패한 적이 있는 바로 그 팀이다. 더는 물러날 곳도, 숨을 곳도 없다. 소리를 들을 수는 없지만, 열심히 공을 보고 달린다. 상대가 앞서가면 끈질기게 추격하며 점수 차를 좁히고 결국 동점을 만든다. 하지만 혼자 100개 넘는 공을 던진 명재의 손은 이미 물집이 터져서 피투성이다. 안쓰럽게 바라보는 감독에게 명재는 자신 혼자 던지는 것이 아니라며 그런 눈으로 보지 말라고 말한다. "혹시 그거 알아요? 경기를 하다 보면 내가 다라고 생각하는 순간이 꼭 와요. 그땐 누가 뭐라 해도 내 의지대로 가야죠. 그게 지금이니까. 내 뒤엔 애들이 있으니까. 혀 깨물고 던져 볼래요."

경기는 어느새 12회 말 상대의 마지막 공격이다. 명재가 소리 높여 파이팅을 외친다. 아이들은 어눌하지만 낼 수 있는 힘껏 소리 내어 화답한다. 그런 아이들을 바라보는 상남의 눈가가 붉어진다. 이미 손가락이 피로 범벅이 된 명재는 2아웃 상황에서 더는 힘에 부치는 듯 쉽게 안타를 내준다. 타석에 들어선 다음 타자가 흙을 고르는데, 그만 흙이 튀어 포수의 눈에 들어간다. 포수는 흙을 빼내려 손을 눈에 대는데 명재는 이것이 그토록 연습했던 1루 견제 사인이구나 하는 마음에 1루를 향해 잘못 손을 빼 든다. 허무하게도 투수의 보크(Balk). 3루에 있던 주자가 홈에 들어온다.

아이들 모두 경기장에 주저앉아 눈물을 흘린다. 하지만 이제 혼자 울며 서로를 탓하지 않는다. 서로에게 미안하다고 이야기하는 아이들 곁에서 상남은 한 명 한 명을 쓰다듬으며 대견하다는 듯 위로한다. 이런 성심학교 선수들에게 상대 선수들은 진심으로 박수를 보내며 경의를 표한다.

대회는 끝났지만 삶은 계속된다. 여전히 아이들은 지든 이기든 열심히 훈련을 이어가고, 상남은 해외 프로야구에 입단 테스트를 받으며 자신의 야구를 이어간다. 야구와 함께하는 이들은 더 이상 외롭지 않다.

이 아이들이 왜 야구를 하는지 이제 알겠다. 두 눈으로 바라보고 있지만, 사실은 아무 소리도 들리지 않는 깜깜한 세상에서 소통하며 자신의 존재를 확인하고 싶었던 게 아니었을까. 나도 혼자가 아니라 옆에 누군가와 함께한다고. 그래서 그토록 '우리'가 되려고 했을지 모른다. 이들은 야구를 하지만 야구를 통해서 배운 것이 야구만은 아니었을 것이다. 이들에게 야구는 단순히 취미로서의 스포츠가 아닌, 같은 목표를 가진 누군가와 함께 살아가고 있음을 느끼게 하는 삶의 버팀목이었다.

여성 스포츠의 불모지를 개척하다

국가대표2

"자존심을 세우라고!"

올림픽은 하계와 동계로 나뉘어 진행된다. 올림픽이라고 하면 동계보다 하계올림픽을 떠올리는 이들이 많다. 인기 종목이 하계올림픽에 치중되어 있기 때문이다. 또한, 동계스포츠는 눈이나 빙상과 같은 어려운 환경을 생각하게 하고 접근하기 어렵다고 여기는 경우가 많다. 〈국가대표〉라는 영화 시리즈는 동계올림픽 종목에 초점을 맞추고 있다. 첫 번째 작품은 스키점프, 두 번째 작품은 아이스하키 종목이다. 아이스하키 종목은 우리나라에서 팀이 그다지 많지 않다. 우리나라에 아이스하키가 도입된 시기는 1920년대라고 하지만 팀을 구성하여 정식으로 출전한 시점은 1970년대다. 올림픽에 출전한 것은 2018년 평창에서 열린 동계올림픽이 처음이다.

현재 우리나라 학교에는 「학교체육 진흥법」에 여학생 체육활동 활성화를 강조하고, 여학생 학교스포츠클럽 활성화 사업을 꾸준히 진행하고 있음에도 여학생의 운동 참여 비율은 매우 미흡한 실정이다. 〈국가대표2〉(2016)는 여자아이스하키 국가대표팀의 실화를 바탕으로 각색한 영화다. 스포츠가 지닌 깊은 가치와 감동을 전하는 이 영화는 학생들과 공유할 만한 이상적인 영화라고 생각한다. 이 영화에서는 우리나라에서 동계올림픽을 개최하기 위해 새로운 여성팀을 형성하여 노력한 모습을 볼 수 있다. 분단된 대한민국의 통일을 향한 염원이 담긴 이 영화는 팀을 결성하는 과정에서 겪는 수많은 어려움과 도전을 통해,

단순한 스포츠 영화를 넘어 '여성 스포츠의 활성화'라는 사회적 메시지를 전달한다.

아이스하키협회는 1998~1999년, 임시로 여자 아이스하키팀을 만들기로 결정한다. 그리고 아무도 맡으려 하지 않는 팀의 감독을 선임한다. 한물간 감독으로 치부되어 아무도 찾지 않던 감독은 어쩌다 팀을 맡아 선수 모집에 나선다. 하지만 여자아이스하키 선수는 전혀 없는 상황이다. 애써 긁어 구한 선수는 탈북한 선수, 쇼트트랙에서 탈락한 선수, 피겨 스케이팅 선수 출신, YMCA 동호회에서 인라인을 즐기는 여중생, 필드하키 선수 출신의 전업주부, 그리고 선수 모집을 거들다 인원을 메꾸기 위해 합류한 협회 직원이 전부다.

급조한 여성팀을 바라보며 관객인 우리는 똑같이 막막해진다. 동계올림픽 개최국 선정을 위한 임시방편으로 꾸려졌지만, 우여곡절 끝에 뽑힌 여성 아이스하키 선수들은 열정을 보인다. 그러나 여성 스포츠를 위한 지원은 거의 없는 현실을 보여준다. 협회는 '그냥' 팀이 존재한다는 사실만을 중요하게 여길 뿐이다. 여성 스포츠의 활성화가 아니라, 정치를 위한 스포츠팀에 불과하다는 인식을 보여주는 장면이다.

대표팀은 유니폼과 공식 훈련장도 없는 어려운 환경에서도 팀을 열심히 꾸려간다. 아이스하키는 영역형 경쟁 활동으로 상대방의 골대에 골을 넣기 위해 공간을 찾아 움직이는 것이 중요한 경기다. 기초부터 밟아가며 하나하나 일일이 지도해야 하는 감독과 아이스하키를 처음 하는 선수들 역시 열악한 조건에 조금씩 의지를 잃어가던 중에 연습경기 상대가 초등학교 팀이라는 사실에 실망감을 감추지 못한다. 당연히 이기지 않을까 했던 자신들의 기대와 다르게 무기력하게 패하면서 낙담하고는 갈등이 고조된다.

갈등 이후, 선수들은 떠난 감독이 되돌아오지 않으리라 생각하지만, 감독은 가장 먼저 나타나 몸을 풀고 아무 일도 없었다는 듯이 선수들을 격려하며 훈련을 시작한다. 하지만 협회의 지원이 없는 터라 연습장 사용료가 밀려 쫓겨나게 된다. 협회 직원인 선수가 자신의 바닷가 고향으로 전지훈련을 떠나자고 제안한다. 이렇게 해서 대표팀은 아이스링크가 아닌 해변에 미역을 널어 말리는 곳에서 인라인스케이트로 훈련을 시작하고 YMCA 선수들과 연습경기를 하면서 팀워크를 조금씩 다져나간다. 팀원들은 끈으로 서로를 연결하고 한 몸처럼 움직이면서 팀은 하나라는 의미를 깨닫는다. 그리고 이전에 하지 못했던 수비 공간의 적절한 유지와 공격 시 공간 찾기 같은 전술 훈련을 진행한다.

선수들은 땀 흘린 이후 회식을 통해 서로의 마음을 솔직하게 털어놓는 자리에서 최초의 여자아이스하키 국가대표로서 "자존심을 세우라고!"라고 말하며 서로를 격려한다. 운동선수와 여성으로서의 정체성에 대해 깊이 생각하게 만든다. 자존심이 있지, 중간에 포기하고 싶지는 않는 것이다.

팀원들은 일본에서 열리는 동계아시안게임 출전을 위해 힘차게 훈련에 임한다. 하지만 협회로부터 대회에 참가하지 않는다는 소식을 듣고 충격을 받는다. 동계올림픽 유치를 목적으로 만든 형식적인 팀이기에 다른 대회에는 참가할 필요가 없다는 것이다. 힘을 합친 선수들과 감독은 협회에 간곡히 요청한다. 실랑이 끝에 협회는 메달을 따지 못하면 팀을 해체한다는 조건으로 출전을 허락한다.

선수들은 아시안게임에 4팀이 출전하리라 예상했지만, 예상치 않게 북한까지 참가하며 5개 팀이 격돌한다. 장내 아나운서와 전문가 모두가 대한민국 팀을 최하위로 단정한다. 첫 상대인 중국과의 경기는 아이스하키 채인 '스틱'을 쥐고 중앙에 서로 마주한 양 팀 대표의 사이 공간에 심판이 아이스하키의 공인 퍽(puck)을 내려놓는 '페이스오프(face-off)'로 시작된다.

경기가 시작되자마자 중국에 선취점을 내주며 1피리어드를

2 대 0으로 뒤진 채 마친다. 라커룸에서 감독은 선수들에게 훈련할 때 눈을 감고 서로 끈을 묶은 것을 떠올리라고 주문한다. 선수들은 파이팅을 외치며 2피리어드에 돌입하고, 분위기를 반전시키며 첫 득점을 한다. 선수들은 마지막까지 끈질긴 집념과 열정을 불태우지만, 아쉽게 한 점 차로 패배한다. 다음 상대는 카자흐스탄이다. 이 경기에서 4 대 3으로 대역전승을 거두며 역사적인 첫 승리의 기쁨을 만끽한다. 그러나 개최국 일본과 맞붙은 세 번째 경기에서 예상치 못한 변수가 발생한다. 심판은 일관되게 일본에 유리한 편파적인 판정을 내린다. 결국 1 대 1로 맞선 3피리어드에서 2명이 한꺼번에 퇴장당하는 어이없는 상황이 벌어지며 팀은 결국 2 대 1로 안타깝게 지게 된다.

마지막 경기는 북한과의 대결이다. 이 경기에서 반드시 이겨야 메달을 따게 되는 선수들은 의기투합한다. 그러나 상대에는 북한 출신인 선수가 탈북할 때 떨어진 동생이 있다. 경기가 시작되고 탈북 선수의 동생이 선제골을 기록한다. 북한 선수들은 한때 동료였던 탈북 선수를 마치 보복이라도 하듯 몸으로 강하게 밀어붙이는 '보디 체크(body check)'를 시도한다. 결국 탈북 선수는 동생에 대한 회한 등이 겹친 감정적 동요를 일으켜 제대로 경기에 집중하지 못한 나머지 감독에게 교체를 요청한다. 그러나 북한의 공격이 거세져 점수 차가 벌어지고 부상 탓에 선수가 부족한 상황을 맞는다. 탈북 선수는 정신을 가다듬고 팀을 위해

3피리어드에 출전한다.

다시 투입된 탈북 선수는 팀이 구성된 초기에 아웅다웅하던 선수와 함께 환상의 호흡을 펼치며 눈부신 활약을 펼친 끝에 동점을 만들어낸다. 남은 시간 5분 동안 양 팀은 극한의 체력전을 펼치며 불굴의 투혼을 발휘한다. 경기의 마지막 순간, 탈북 선수는 부딪혀 넘어진 동생을 안으며 가족애를 느낀다. 이를 지켜보던 북한의 주장이 다가와 예전의 친구이자 동료였던 탈북 선수를 일으켜 세우는 스포츠맨십의 감동을 선사한다. 경기는 무승부로 끝나면서 두 팀 모두 메달을 획득하지 못한 채 대회를 마무리한다. 각자의 행선지를 향하는 언니와 동생이 남몰래 만나는 장면은 눈시울을 붉게 만든다. 이들은 서로를 등진 채 앉아 조심스럽게 안부를 묻는다.

1년 후, 2004년 핀란드에서 세계선수권대회가 열린다. 어느덧 한 팀으로서 마음이 제대로 맞춰진 우리 국가대표 선수들에게 감독이 묻는다. "진짜로 아이스하키가 좋냐?" 이에 선수들은 한목소리로 "네!"라고 대답한다. 그들이 대회에서 만난 첫 팀은 바로 북한이다. 두 팀은 서로 눈인사하고 미소를 지으며 현실에서는 보기 드문 화합된 모습을 보인다. 그리고 다시 만난 두 자매의 '페이스오프(face-off)'로 영화는 막을 내린다.

불모지와 같은 환경에서도 선수들은 대한민국 여자아이스하키 사상 최초로 2018년 평창 동계올림픽 본선 진출권을 획득한다. 평창 동계올림픽이 끝나고 우리나라 여자아이스하키 실업 팀이 창단되었다. 국가대표 팀이 실업 팀이고, 실업 팀이 곧 국가대표 팀인 셈이다. 2023년에는 평창 동계올림픽 여자 아이스하키 대표팀의 '골리(goalie)'로 활약한 선수가 남자 실업 팀의 코치를 맡았다. 느리지만 조금씩 앞을 향해 전진하는 여자아이스하키의 모습을 느낄 수 있다. 이 영화는 척박한 환경 속에서도 포기하지 않고 불굴의 의지로 도전한 대표팀의 모습과 팀을 위해 헌신해 온 많은 이들의 노력을 교훈으로 제시한다. 또한 리더십, 팀워크, 노력과 열정 모든 것이 공식에 들어맞는 스포츠 영화였지만, 여성 스포츠 발전에 있어 대한민국이 어떤 시대상을 가지고 있었는지, 어떻게 극복해 지금 우리가 여성 스포츠를 누리게 되었는지를 새삼 깨닫게 한다.

'리바운드'를 통해 함께 성장하는 농구부의 투혼

리바운드

"네가 좋아하는 것을 포기하지 말라고!"

좋아하는 것을 포기하거나 실패한 적이 있는가? 우린 살면서 여러 가지 이유로 하고 싶은 일을 포기하거나 실패를 경험하곤 한다. 〈리바운드〉(2022)는 2012년의 실화를 바탕으로 한 영화이다. 한 고등학교 농구부가 몰락의 위기를 극복하고 부활을 거듭하는 이야기인데, 제목이 의미하는 바는 무엇일까?

가망도 희망도 없는 부산중앙고등학교 농구부. 과거 MVP였으나 현재 여러 가지 이유로 쓰러져가는 고교 농구팀 코치로 부임한 강양현은 이전에 지도하던 선수부터 길거리 농구에서 몸싸움에 유리한 학생, 내기 농구를 하던 중 싸움이 붙어 경찰 조사를 받은 학생, 실력은 뛰어나나 신장이 작은 선수 등을 끌어모아 중앙고 농구부를 만든다. 그렇게 새 얼굴들이 체육관에 모였다.

이튿날부터 코치는 선수들에게 체력 훈련, 기능 연습, 전술 훈련 등 높은 강도의 훈련을 진행한다. 득점할 확률이 제일 높은 선수에게 공을 패스하여 득점하는 전략만을 고집한다. 연습 경기 중, 선수들이 코치의 지시와 다르게 패스한다. 코치는 "너희들은 아무 생각하지 마. 센터에게 패스하라고!"라며 크게 질책한다. 상대의 움직임을 읽고 창의적인 플레이를 펼치려면 생각하는 힘을 길러야 한다. 또한, 스포츠는 포지션에 따라 선수 특성이 특화되는데 모든 선수의 장점을 활용하지 못하고 한 명에게만 집중된다면 팀워크는 무너지고 다른 선수들은 의욕을 잃기 마련이다.

다음 날 아침, 경기장에서 센터 선수가 상대 팀으로 말없이 이적한 것을 알게 되고, 중앙고 팀은 비상이다. 팀의 중추인 선수가 빠지게 되자, 코치는 급하게 포지션을 변경한다. 경기 초반부터 중앙고는 삐걱대고, 시간이 갈수록 점수 차는 점점 더 벌어진다. 중계석에서는 조직력에 문제가 있다고 언급한다. 코치는 불리한 판정에 이의를 제기하다가 퇴장당하고, 선수들은 몰수패에 6개월 출전 정지라는 징계까지 받게 된다. 이렇게 중앙고의 도전은 처참하게 실패로 끝나고, 코치와 선수들은 크게 낙심하며 고개를 떨군다.

일상으로 돌아간 농구부 학생들. 교복을 입고 평범하게 학교생활을 하지만 생기가 전혀 없어 보인다. 코치실을 정리하던 코치는 우연히 자신의 학창 시절의 인터뷰와 훈련일지를 보게 된다. '리바운드는 실수와 실패를 극복하고 다시 한번 기회를 잡는 것'이라는 문구가 그의 눈에 들어오고, 눈물을 글썽이며 무언가를 깨닫는다. 그리고 곧바로 뛰쳐나가 한 학생을 찾아가 열정적으로 고백한다. "우리가 잘하는 거, 우리가 신나는 거, 우리가 미치는 거, 그거 다시 한번 해볼래? 농구!" 코치와 학생은 힘을 합쳐 다른 팀원들을 찾아가 설득하며 팀을 재결성한다.

농구 경기에서 '리바운드'는 주요한 기술로, 공이 바스켓 안에 들어가지 않고 림이나 백보드에 맞아 튕겨 나온 것을 잡아내어 다시 슛을 시도하는 일을 뜻한다. 실패하더라도 다시 도전하자고 말하는 '리바운드'라는 영화의 주제가 잘 드러나는 대목이다. 경기 흐름을 바꿀 수 있는 만큼 농구 경기에서 리바운드 다툼은 치열하다. 공격팀은 골을 넣지 못했더라도 다시 득점을 노려볼 수 있는 기회, 수비팀에게는 역습할 수 있는 기회이기 때문이다. 코치는 '리바운드'를 두고 농구 경기 용어를 넘어 선수들에게 비유적인 의미의 리바운드를 주문한다. 학창 시절을 떠올렸을 때 결의를 다지게 한, 포기하지 않고 다시 도전하는 바로 그 정신 말이다.

다음 날 아침, 체육관에 코치와 농구부원이 모두 모여 내년 봄에 열리는 중요한 대회를 목표로 선수들의 포지션을 새롭게 정하고, 선수 개개인의 맞춤형 훈련을 한다. 이는 개별 선수의 장점을 살리면서도 팀 전체가 빛날 수 있는 전략이다. 이렇게 팀은 각자의 역량을 최대한 발휘하며 대회 준비에 박차를 가한다. 그리고 새 학기가 시작되자, 두 선수가 농구부에 합류한다. 코치는 신입생들에게 체력 향상의 중요성과 팀워크의 가치를 최우선으로 강조한다. 선수들은 서로 장난을 치며 즐겁게 훈련하고 팀의 결속력을 다진다.

드디어 대회가 시작된다. 중앙고는 교체할 선수가 많은 다른 학교와는 다르게 단 6명의 선수로 참여하지만, 전력을 다한 첫 경기에서 예상을 뒤엎는 대승을 거두며 팀의 분위기가 살아난다. 그러나 두 번째 경기에서 한 선수가 부상을 당해 경기 경험이 없는 선수가 투입된다. 중앙고 선수들은 부상으로 빠진 동료를 위해 팔과 다리의 테이핑에 그의 등 번호와 이름을 새기고 경기에 출전하면서 팀워크를 다진다. 그리고 기적적으로 연승을 거두며 4강에 진출하게 된다. 준결승전을 앞두고 코치는 "우리 여기까지 왔다. 오늘 여기서 지더라도 신나게 놀고 가자!"라며 선수들을 격려한다. '무조건 경기에서 이기자'는 마인드는 승부에 집착해 스포츠를 즐길 수 없게 만든다. 스포츠 정신에도 위반되기에 최근 전국 학교 스포츠클럽 대회에서는 '대회' 대신 '축전'이라는 용어를 지향하고, 순위를 둔 시상을 생략하는 분위기다. 영화 속의 이야기와 비슷한 맥락으로 생각해 볼 수 있겠다.

체력이 고갈된 중앙고는 상대 팀에게 연이어 점수를 뺏긴다. 시간이 흐르면서 교체 선수에게 여러 차례 슛 기회가 생긴다. 상대 팀 감독은 선수들에게 이 선수를 신경 쓰지 말라고 말하며 방심하지만, 3점 슛이 연속하여 성공하면서 분위기가 반전된다. 점수 차가 점점 좁혀지고 결국 역전슛이 성공하면서 기적같이 결승에 진출한다. 선수들은 승리의 기쁨을 만끽하며 외친다. "내일도 농구할 수 있어!" 이들은 더 이상 승부에 연연하지 않는다. 농구 그 자체를 즐기고 경기 매 순간에 최선을 다하는 모습이다.

대망의 결승전은 다른 학교로 옮겨간 친구가 속해있는 팀과의 경기다. 코치는 다시 한번 "오늘을 즐기자"라고 말하며 선수들과 구호를 외친다. 강력한 우승 후보인 상대 팀은 여유롭게 선수를 교체하며 경기를 이끌어간다. 교체할 선수가 없는 중앙고는 점점 지쳐가기 시작한다. 선수들의 부상에도 불구하고 이를 악물며 악착같이 맞서 보지만 도저히 역부족이다. 중간 휴식 시간, 코치는 선수들을 격려한다. "너희는 악착같이 리바운드를 잡아서 서로에게 공을 던져줬다! 너희들이 좋아하는 것을 포기하지 마!" 그리고 중앙고는 남은 세 명의 선수로 마지막 4쿼터를 마무리하는 투혼을 발휘한다.

극중 중앙고의 모습은 전 미국의 전설적인 복싱선수 무하마드 알리의 '포기하지 말아라. 고통을 겪되, 남은 삶은 챔피언으로 살아라.'라는 명언을 떠올리게 한다. 중앙고 선수들은 비록 우승의 문턱은 넘지 못했지만, 최선을 다하는 모습과 마지막 순간까지 즐기는 자세는 그들이 진정한 챔피언임을 모두에게 새겨준다.

같은 제목의 영화 〈리바운드Rebound〉(2005)도 통제 불능인 코치가 난장판인 중학교 농구팀을 맡아 아이들과 교감하며 서로 성장하는 이야기를 담고 있다. 이 두 영화는 코치가 학생들을 지도하는 과정에서 자기 성찰을 통해 새로운 시작을 하는 멋진 '리바운드' 기회를 얻는다는 공통점을 가지고 있다. 많은 스포츠 영화에 등장하는 서사이지만, 늘 가슴이 뜨거워지는 것은 왜일까?

이 영화는 선수로서는 빛을 보지 못했지만 지도자로서 성공한 코치를 중심으로 중앙고 선수들 또한 리바운드를 통해 성장하는 모습을 보여준다. 발목 부상을 딛고 혼신의 경기를 펼치는 선수, 단신의 한계를 극복하고 전략으로 팀을 지휘하는 선수, 무득점 꼬리표에서 3점 슛에 성공하고 괄목할 만큼 실력이 향상된 선수…. 이들은 단합과 선수들 간의 조화를 통해 팀워크를 다지고 경기력이 좋아진 까닭도 있지만, 자신이 좋아하는 농구를 즐기고 후회 없이 최선을 다했기 때문에 단 6명으로 결승까지 오를 수 있었다. 코트를 누비는 그들에게서 살아있음과 열정이 느껴진다. 중앙고 선수들처럼 자기가 좋아서, 재미있어서 하는 일은 누가 시키지 않아도 스스로 열심히 하기 마련이다. 무언가에 집중하고 노력한다면 자신도 모르게 성장하고 발전할 수 있음을 보여준다.

필자는 스포츠클럽을 지도하면서 학생들에게는 경기를 준비하는 과정과 승부를 떠나 경기에 참여하는 경험 자체가 학창시절의 추억이 되고, 좋아하는 것을 지속하며 노력하는 것만으로도 성장한다는 사실을 알게 되었다. 그리고 필자 또한 10대 청소년들의 고민을 이해하면서 학생들 간의 조화를 이루어 팀의 협동심을 이끌어내는 경험을 통해 체육교사로서 성장할 수 있었다. 천재는 노력하는 사람을 이길 수 없고, 노력하는 사람은 즐기는 사람을 이길 수 없다는 말이 있다. 자기가 좋아하는 것에 빠져 즐기고 노력한다면 그보다 더 좋을 것이 있을까?

재미를 느끼고, 새롭게 다시 시작하는 신호라면 무엇이라도 좋다. 즐기기로 마음먹은 순간 리바운드의 기회를 얻게 된 셈이다. 이 글을 읽는 독자에게 힘든 일이 생긴다면, 포기하지 말고 실패를 발판 삼아 리바운드하길 바란다.

어릴 적 꿈을 위해 늦깎이로 도전하는 아빠 선수

"꿈은 포기하지 않는 자에게만 찾아오는 희망의 선물이다!"

*

*

꿈을 포기하지 않는 의지력도 중요하지만, 주변 환경의 문제로 우린 자신의 꿈을 포기하는 경우가 있다. 영화 〈루키The Rookie〉(2002)는 팀 스포츠인 야구에 관한 이야기임과 동시에 자신의 꿈을 포기하지 않고 노력하여 성공할 수 있다는 희망을 보여준다. 또한 자신의 꿈과 주변 환경의 갈등에서 문제를 어떻게 해결할 수 있는지 새로운 시각을 전달한다. 도전이라는 경험을 가능하게 해주는 것이 우리의 삶을 더 행복하게 이끌어 줄 것이라 믿으며 이야기의 문을 연다.

이 영화의 배경은 〈글로리 로드〉와 같은 텍사스이다. 텍사스에서 원유를 생산하기 위한 공장이 생기고 여기에서 일하는 사람들은 잠시나마 가난을 잊으려고 야구를 시작하게 된다. 1964년 출생한 주인공인 지미의 가족은 1973년 코네티컷주를 시작으로 텍사스까지 이곳저곳으로 이사할 때마다 가족회의를 한다. 아버지가 군인이어서 자주 이동해야 했기 때문이었다. 계속 야구를 하고, 월드시리즈에도 나가고 싶은 꿈을 가진 지미는 이사를 해서도 계속 공을 던진다.

아버지에게 야구하는 모습을 보여주며 관심받고 싶어하지만, 아버지는 바쁜 업무로 자기의 일에만 몰두한다. 지미는 아들의 꿈에 일말의 관심도 없는 아버지를 보고 내적 갈등을 겪는다. 텍사스로의 이사 후, 아끼는 야구 글러브가 사라져서 깊은 실망감을 느끼고 있을 때 이삿짐이나 빨리 나르라며 닦달하는 아버지의 모습에 심적 갈등은 극에 달한다.

자신의 꿈을 이야기할 때, 주변의 누군가에게 비웃음거리가 됐거나 주변 환경으로 '나에게 맞지 않는 꿈인가 봐.'라고 생각하며 포기한 적이 있는가? 이쯤에서 우리나라를 돌아보지 않을 수 없다. 대한민국의 교육열은 전 세계적으로도 유명하다. 우리나라 사람이라면 살면서 만난 어른, 즉 부모나 교사로부터 꿈이 무엇이냐는 질문보다 공부하라는 지적을 더 많이 들었을 것이다. 공부도 중요하지만, 공부의 근원은 전인적으로 성장하고 자신의 적성에 맞는 진로를 찾는 데 있다. 무엇을 위한, 누구를 위한 공부인지를 돌아봐야 한다. 지도자라면 아이들이 삶의 여정을 잘 걸어갈 수 있도록 애정어린 관심과 격려를 줄 뿐 아니라 적절한 환경을 조성해 주어야 한다.

어느덧 어른이 된 지미는 고등학교 화학 교사로 일하고, 그의 아내는 상담교사로 일한다. 지미는 학생들과 재미있게 수업하는 교사이다. 집에서는 아들과 농담을 주고받으며 자신이 어려웠던 지난 시절을 이야기한다. 이 시간은 가족의 사랑이 넘치는 순간으로 가득 차 있다. 가족이 오순도순 모여서 일상생활과 서로의 생각과 고민 등에 관해 이야기를 편하게 나누는 이런 시간은 갈수록 각박해지는 오늘날에 절실하다고 생각된다.

지미는 늦은 밤에도 자동차의 헤드라이트를 켜놓고 야구공을 던지며 꺼지지 않는 열정을 드러낸다. 화학 교사이자 야구부 감독인 지미는 학생들을 지도하며 그들의 이야기에 귀 기울이는 진지한 모습이다. 한 학생이 자신이 공을 받을 테니 투수처럼 공을 던져 볼 것을 지미에게 제안한다. 과거에 수술받고 나서 들은 의사의 경고 때문에 오랫동안 공을 던지지 않고 지낸 지미는 포수의 미트(mitt)에 정확히 공을 꽂아 넣는다. 포수는 놀라워한다. 지미는 함께 있던 학생들에게 오늘 던진 공은 잊어달라고 부탁한다.

학생들과 연습경기에서 지미는 어쩔 수 없이 다시 공을 던지게 된다. 처음에는 부드럽게 던지던 그는 포수와 눈을 맞추고 서서히 속도를 높여나간다. 학생들은 모두 점점 드러나는 지미의 투구 실력에 깜짝 놀란다. 연습을 마친 지미는 학생들과 진지하게 대화를 나눈다. "너희는 자신을 믿지 않고 너무 일찍 포기해. 너희들은 졸업 후에 정유회사나 타이어 공장에 취직하고, 가족과 고향에서 살겠지! 그것이 잘못된 것은 아니야, 하지만 특별한 것을 꿈꾼다면 인생은 달라질 거야! 자신에 대한 믿음과 꿈이 가장 중요해!"

한 학생이 "감독님의 꿈은 무엇인가요?"라고 묻는다. 학생들은 지미에게 제2의 야구 인생에 도전하라고 응원한다. 지미는 학생들이 지역 우승을 따내면 자신도 입단 테스트에 도전하겠다고 약속한다. 밤이 되어, 그는 차량 속도 측정기 옆을 지나며 자신이 던진 공의 속도를 확인하기 위해 차를 세우고 힘껏 공을 던진다. 결과는 시속 122km가 찍힌다. 하지만 지미가 떠난 후, 속도 측정기가 흔들리며 숫자가 157km로 바뀐다. 이 사실을 모르는 지미는 체념한 채 집으로 돌아간다.

지미는 어린 아들을 데리고 부모를 만나러 간다. 오랜만에 만난 지미와 연로한 아버지의 대화는 뻣뻣하고 어색하다. 그런데, 손자에게 야구 글러브를 선물하는 아버지의 모습에 지미는 놀란다. 그런 부드러움은 자신에게 결코 보여준 적 없는 면모이기 때문이다. 잠시 후, 지미는 어린 시절 자신이 야구하는 사진을 발견하고는 다시 놀란다. 아버지는 아들에게 마음을 표현하는 법을 몰랐던 것 같다. 지미는 자신의 꿈에 대해 다시 한번 고민하기 시작한다.

한편, 교육청에서는 연봉이 두 배나 되는 다른 학교의 과학 교사 자리를 제안한다. 지미는 학생들과의 약속과 자신의 진로 사이에서 갈등을 겪는다. 중요한 대회를 앞두고 학생 선수들과 함께 마음을 가다듬는다. 지난해 크게 패배를 안긴 팀을 이번에는 이길 수 있을까? 경기 초반에는 상대에게 밀렸으나 마지막 회에 극적으로 역전에 성공한 학생들은 승리의 덕을 감독에게 돌리며 기쁨을 만끽한다. 학생들은 지미에게 이구동성으로 말한다. "이젠 감독님께서 도전할 차례입니다."

지미는 학생들과의 약속을 지키고 어릴 때부터 품어 온 미완의 꿈을 향해 도전에 나선다. 새로운 도전을 두고 고민에 빠진 지미는 한때 꿈을 포기하게 만든 아버지에게 조언을 구한다. 아버지는 할아버지가 했던 말을 전한다. "하고 싶은 일과 운명적인 일을 판단할 때는 감정에 흔들리면 안 된다."

마이너리그에 머물러야 한다는 통보를 들은 지미는 3개월째 만나지 못한 아내와의 통화에서 빚이 늘어가는 미안함에 집으로 돌아가고 싶다는 뜻을 밝힌다. 아내는 흔들리는 마음을 붙잡아 준다. "더 던질 수 있을 때까지 던지고 오세요." 어느 날, 지미는 '야구는 무미건조하지 않은 긴박한 드라마'라고 한 자신의 인터뷰가 제자들에게 다시금 꿈을 불어넣어 주었다는 사실에 용기를 얻는다.

자기의 꿈을 실현하기 위해 노력하는 과정에는 반드시 주변 환경의 도움이 더해진다. 아버지가 관심이 없다고 생각했던 기억은 사라지고, 현실에서 응원하지 못한 부모님을 이해하게 된다. 그리고 사랑하는 가족의 응원과 제자들의 격려로 도전심을 발휘하기로 한다. 우리도 주변에서 나를 응원하거나 격려해주는 사람을 만날 수 있다. 이것은 하나의 도전으로 가는 동기부여의 과정이며, 자신을 이끄는 원동력이 되기도 한다.

텍사스의 경기장에 들어서는 순간, 지미는 오랜 꿈을 드디어 이룬 마음에 감격한다. 가족과 제자들은 응원차 경기장으로 온다. 기회를 기다리던 지미는 불펜으로 나가 몸을 풀라는 지시를 받고, 크게 점수 차가 벌어진 상황에서 마운드에 오른다. 첫 공이 시속 158km가 가까운 스트라이크를 찍는다. 두 번째 공도 스트라이크, 세 번째는 변화구를 던져 헛스윙 삼진으로 만든다. 결과는 비록 졌지만, 경기가 끝나고 기자들이 몰려든다. 인파 속에서 만난 아버지는 아들의 꿈을 지지해 주지 못한 과거사를 사과하고, 지미는 감사의 마음으로 그날 던진 첫 공을 아버지에게 건넨다. 프로에서 은퇴한 뒤, 다시 돌아와 그가 학생들을 가르쳤던 고등학교에는 그의 유니폼과 사진이 전시되어 있다.

가정 환경으로 인해 자신의 꿈을 도전하기 어려웠던 시절과 그 꿈을 이루기 위해 늦깎이로 도전하는 스토리는 눈물을 자아낸다. 스포츠는 부정할 수 없이 신체 나이가 경쟁력이 되는 분야다. 야구 선수는 보통 30대 중반이면 받아주는 팀을 찾기 어렵고, 그것도 메이저 리그의 투수라면 불가능에 가까워 보인다. 필자도 40대 나이에 체육과 임용고시를 준비하며 경험했는데, 어떤 사람은 "그 나이에 뭐 하러 힘들게 도전하냐?"라고 비아

냥거리기도 했다. 그러나 이 영화는 여러분에게 무모한 도전을 하라고 권하기보다 어렵고 힘들 때, 우리에게 가족, 친구, 동료들이 함께 있다는 사실을 잊지 않고 도움을 요청해 보라고 이야기한다. 또, 노력 또한 재능의 영역이기에 재능을 발휘할 여지는 언제까지나 남아있다고도 이야기한다. 꿈을 위한 도전은 무엇보다 아름답기에 이렇게 영화로도 만들어졌다고 믿는다.

이 영화는 꿈을 이루고자 나아가는 도전, 용기, 그리고 자신감을 가지고 실행으로 옮기는 여정의 소중한 교훈을 전달한다. 자신의 꿈을 향해 도전하는 것을 주저하거나 자신감을 찾아 나서야 하는 모든 이들에게 이 영화는 희망과 용기를 불어넣는 선물이 아닐까.

집은 없지만 꿈은 있는 홈리스의 축구 국가대표 도전기

"슛 안 들어가도 돼.
공이 튕겨 나오면 뛰어가서 슛을 만들어!"

*

*

학생들에게 체육을 가르치고 운동을 지도하면서 깨달은 진리 중 하나는 땀 흘려 체득한 것은 배신하지 않는다는 점이다. 부단한 연습을 통해 숙달한 기술은 필요한 순간에 그 빛을 발하며 자신감을 부여하는 시점이 있다. 이런 작은 성취들은 체육 활동의 진정한 매력을 느끼게 하고 더 깊이 몰입하도록 만든다. 이러한 과정은 단순히 기술적인 면에만 국한되는 것이 아니라 인내력, 집중력, 자기 통제력 같은 내면의 힘을 키우는데도 작용한다. 이것이 바로 체육 교육이 학생들의 신체와 정서의 전반적인 발달에 중요한 역할을 하는 이유다.

하지만 체육 교육은 학생들에게만 적용되지는 않는 법. 홈리스 월드컵이라고 아는가? 주거 빈곤층의 부정적 인식을 개선하는 국제 축구 대회이며, 축구를 통해 그들의 삶을 변화시키는 데 주요한 목표가 있다. 〈드림〉(2023)은 2010년 대한민국이 처음 출전했던 홈리스 월드컵 당시의 실화를 바탕으로 한다. 감독과 선수들이 사회적 편견과 과거의 어려움을 극복하고 스포츠를 통해 꿈을 키우며 긍정적으로 변화하는 여정, 그 과정에서 겪는 우여곡절을 통해 스포츠가 지닌 본질적 가치와 '꿈'의 근본적인 의미가 무엇인지 생각하게 한다.

같은 팀원에 대한 자격지심과 무력한 태도로 팀워크를 저버리고 자질 논란에 휩싸이게 된 주인공 윤홍대. 선수 생활을 접고 연예계 진출을 꿈꾸는 그는 부정적인 이미지를 쇄신할 방법으로 대한민국 홈리스 축구대표팀 감독직을 맡아 '홈리스 월드컵' 출전 과정의 다큐멘터리를 촬영하게 된다. 의욕과 체력은 바닥이고 운동복과 신발은 제각각이며 드리블과 패스 등 기본기는 엉망인 선수들을 보고 감독은 한숨만 내쉰다.

'2010 홈리스 풋볼 월드컵 국가대표 선발전'이 시작되고, PD의 요구에 따라 불쌍한 사연을 기준으로 5명의 선수가 선발된다. 연습 중 공격수의 부상으로 득점이 가능한 선수가 한 명도 없게 되자, 연습에 잘 나오지 않는 청년을 설득하여 합류시킨다. 홈리스 팀의 첫 연습 상대인 초등학교 팀과의 경기에서 자존심이 상한 듯, 선수들은 의욕이 떨어져 보이고 점수 차는 점점 벌어지며 끌려간다. 전반전을 마친 휴식 시간 동안 감독의 자극에 후반전에는 선수들이 최선을 다하고 결국 점수 차를 좁혀가며 팀은 첫 승리를 맛본다.

학습된 무기력은 반복적이고 피할 수 없는 부정적 상황 속에서 모든 노력이 무의미하다고 느낄 때 발생하는 현상이다. 홈리스 선수들은 단지 삶의 주거지를 잃은 것이 아니라 인생에의 도전 정신도 함께 잃은 것은 아닐까? 그들의 첫 승리는 단순한 승리를 넘어 긍정적 변화의 첫걸음이 된다. 선수들은 축구에 대한 재미를 느끼고 연습하면서 실력이 점차 향상되고 화합하게 된다. 그리고 그들의 생활도 조금씩 밝게 변화하기 시작한다.

노숙인에 대한 부정적인 이미지로 홈리스 팀에 대한 후원 철회와 감독의 학생 폭행 논란이 덮친다. 그러나 장애인을 괴롭히는 학생들을 저지하는 과정에서 비롯된 것임이 밝혀지자 국민의 관심이 감독에게 집중되고, 이는 후원의 물결로 이어진다. 감독의 소속사 대표는 홈리스 월드컵 대신에 예능 프로그램을 통해 연예계로 진출하자는 계약서를 내밀지만, 감독은 결국 축구를 택한다.

대회에 참석한 선수들은 예상보다 과격하고 수준 높은 다른 나라의 경기를 보자 위축된다. 첫 경기에서 큰 점수 차로 패배했지만, 중계석에서는 첫 출전임에도 불구하고 경기를 아름답게 마무리했다는 해설이 나온다. 한 선수의 부상으로 주최 측으로부터 지원받은 브라질 출신의 두 용병 선수의 독점적 활약으로 두 번째 경기에서 승리를 거두지만, 관중들은 야유를 퍼붓는다.

감독은 어두운 표정으로 선수들에게 말한다. "이겨야 한다면 저는 당연히 용병을 씁니다. 그런데 여기 우승하러 온 사람 있어요? 기록을 남길 것인지, 기억에 남을 것인지 그건 여러분이 판단하세요!" 그러자 선수들은 "우리 스스로 해보고 싶어요." 라고 말하며 용병 없이 직접 경기에 임하기로 다짐한다. 감독은 자신이 모든 것을 결정하기보다는 선수들에게 결정할 기회를 주었으며, 선수들은 경기에서 지더라도 자신들이 직접 발로 뛰는 것을 택했다. 극중 다큐멘터리 촬영 과정에도 보인다. 실패를 두려워하지 않고 상황에 맞서 부딪혀 본 일은 이들이 성장했음을 시사한다.

우승 후보와 맞붙기 전에 감독은 선수들에게 전술을 설명한다. "슛, 안 들어가도 돼. 공이 튕겨 나오면 뛰어가서 슛을 만들어. 이게 리바운드야. 리바운드를 지배하는 자, 경기를 지배한다." 스포츠에서 뿐만 아니라 우리 인생에서 어떤 목표를 향해 가다가 실패할 수 있다. 이때 리바운드 정신으로 다시 한번 시도하고, 부딪혀 깨져도 보는 노력이 중요하다.

홈리스 팀은 이전 경기와는 달리 적극적으로 서로 패스를 주고받으며, 기회가 생길 때마다 과감하게 슛을 시도한다. 몸을 아끼지 않는 격렬한 몸싸움으로 수비에 집중한다. 그러나 상대 팀은 신체적 조건, 기술, 전략 모든 면에서 우위에 있다. 전반전에 점수 차가 벌어지지만, 선수들은 포기하지 않고 계속해서 도전한다. 한국 팀은 큰 차이로 지고 있지만, 그들의 패기와 포기하지 않는 정신에 관중뿐만 아니라 다른 나라 중계진까지 한국 팀을 응원하며 경기를 즐긴다. 어디에선가 '대~한민국'의 응원 구호가 들려온다. 이를 관중 모두가 따라 하며 한국 팀을 응원한다.

이제 얼마 남지 않은 시간, 한국 팀의 마지막 공격이다. 골키퍼로부터 시작된 골을 향해 한 번도 골을 넣지 못한 청년 선수가 달린다. 터치라인 옆으로 감독도 함께 달린다. 선수들만 경기를 뛰고 있는 것이 아니라 감독도 몰입해 같이 경기를 뛰고 있다는 느낌이 든다. 축구에 대한 열정에 다시 불이 붙은 듯 하다. 청년 선수의 발등에 맞은 공이 날아가 기적같이 첫 골을 만들어낸다. 슬로우 모션과 묵음 처리된 이 장면은 긴장감과 극적인 감동을 극대화한다. 필자도 경기장에 함께 있는 것처럼 탄성이 나왔다. 5:1로 경기가 끝나고, 모든 사람이 환호한다. 11경기에서 1승 10패의 성적으로 꼴찌를 기록한 한국의 홈리스 팀은 관중들의 마음을 사로잡으며 최우수 신인팀으로 뽑힌다.

영화는 대회가 끝나고 처음부터 끝까지 이를 기록한 PD와 선수들의 변화된 삶을 보여준다. 이들은 각자 자신만의 '꿈'을 가지고 서로를 이해해 가면서 월드컵 출전이라는 하나의 목표에 도전했다. 험난한 여정이었음에도 포기하지 않음으로써 삶을 더욱 주체적으로 살아갈 용기와 희망을 얻는다. 그리고 그것은 일상에서의 자신감과 떳떳함으로 드러난다. 또, 홈리스 월드컵 다큐멘터리를 계기로 홈리스에 대한 일반 대중의 관심이 높아져 홈리스의 자립을 돕는 단체에 지원이 늘어난다. 축구 선수로 복귀한 윤홍대가 뛰는 경기장의 관중석에는 PD, 그리고 홈리스 선수들이 응원하는 모습이 보인다. 영화는 윤홍대의 멋진 점프

헤딩 슛으로 마무리된다.

이 영화는 스포츠를 빌려 '꿈(Dream)'의 본질적인 의미를 탐색하게 한다. 꿈이란 상상 속 그 무언가가 아니라 소망들이 하나씩 이루어져 결국 도달하게 되는 최종 목적지라고 말하고 싶다. 꿈이 완성되기까지는 영화 속 팀원들이 순간순간 마주했던 작은 목표들이 존재했기에 가능했다. 천천히 실천해 나가면 꿈이 생길 수 있고, 조금씩 그 꿈에 가까워질 수 있다.

아마추어 대회에서는 스포츠의 순수한 본질을 더 잘 맛볼 수 있다. 단순히 이기고 지며 승부를 내는 경기가 아니라, 모든 선수가 땀 흘리며 최선을 다해 뛰고 그것을 바탕으로 서로의 탁월성을 겨루는 '진짜' 축구 경기니까. 〈드림〉을 보면서 '패배하더라도 아름다운' 경기를 본 여운이 남았다. 2024년 올해는 아시아 최초로 서울에서 '홈리스 월드컵'이 개최된다고 한다. 어쩌면 가장 스포츠다운 모습일 수 있는 그 순간을 직접 관람해 보면 어떨까?

강렬한 카리스마 이면의 리더십

리버풀 FC: 엔드 오브 스톰

"축구 경기를 보면서 분석하는 건 즐거워요.
일이라고 볼 수 없어요."

✳

✳

스포츠는 하나의 종합 예술과 같다. 특히 팀 스포츠의 경우 종합 예술의 요소는 일일이 열거할 수 없을 만큼 다양하다. 이렇게 여러 부분에서 훌륭한 조화를 만들어 낼 때 더 높은 성과를 만들어 낼 수 있다. 복잡한 요소의 조화를 만들어가는 것을 보통 감독의 역할로 이야기하는데, 그러기 위해서는 감독의 탁월한 리더십이 필요하다. 사람들은 리더십을 이야기할 때 강력한 카리스마를 쉽게 떠올리지만, 그렇게 단순한 것이 아니다. 세상에는 많은 명장이 존재하는데, 그들이 가진 리더십을 간단하게 설명하기란 쉽지 않다. 스포츠가 하나의 종합 예술이듯, 스포츠 안에서 리더십을 발휘하는 것 역시 종합 예술에 가깝기 때문이다. 이 다큐 영화를 보면 명장들이 가지고 있는 그 리더십이 무엇인지, 어떤 자세로 감독 자리에서 일하는지, 팀 스포츠에는 어떤 요소들이 정말 중요한지, 어렴풋하게 짐작할 수 있게 된다. 이 영화는 2015년 영국 프리미어리그의 침체한 명문인 리버풀 감독으로 취임하고, 10년 만인 2023-2024 시즌을 끝으로 팀을 떠나는 클롭의 이야기다. 이 영화가 전하는 리더십은 우리에게 어떤 시사점을 주는 것일까.

영화는 클롭의 인터뷰로 시작한다. "저는 세상에서 가장 똑똑하지도 않고, 최고의 전문가도 아니에요. 세상에서 잘나가는 미남도 아니고, 경력이 훌륭한 사람도 아닙니다. 그런데 그런 것들은 아무런 문제가 되지 않아요. 저에게 가장 친했던 친구 두 명은 학교 성적이 전교권에서 놀았는데, 저는 그들과 똑같이 배웠지만, 그 친구들 근처에도 못 갔어요. 그래도 제가 모자란다고 생각해 본 적은 없어요. 그냥 있는 그대로를 받아들이고 그걸 출발점으로 거기서부터 도약할 뿐이었죠. 제가 하고 싶은 말은 저는 언제나 저를 지지해 주는 가족, 친구, 지인들이 있다는 거예요. 세상에는 다양한 종류의 폭풍이 있는데, 그 폭풍 속을 걸어갈 때는 기댈 무언가가 필요해요."

이는 리버풀이 FA컵 우승, 프리미어리그 우승, 챔피언스리그 우승, 클럽 월드컵 우승이라는 업적을 이룬 후 위르겐 클롭(Jurgen Klopp) 감독이 인터뷰에서 한 이야기다. 세계에서 가장 성공한 축구 지도자로 평가받는 클롭의 이 인터뷰를 통해 그가 얼마나 겸손한 사람인지, 얼마나 높은 자존감과 건강한 가치관을 지니고 있는지 알 수 있다. 자신이 대단한 사람은 아니지만, 다른 사람과 자신을 비교하면서 열등감에 빠지지 않았고, 자신이 있는 그 위치를 그대로 받아들이면서 한 걸음 한 걸음 도약하며 살아왔다고 고백한다. 때로는 폭풍 속을 걷는 것처럼 느껴질 때가 있었는데, 그럴 때 혼자의 힘으로 이겨왔다고 생각하지 않고, 자신을 지지해 주는 가족과 친구들의 존재 때문에 그 폭풍 속을 무사히 지나올 수 있었다고 전한다.

하와이의 최빈곤 지역의 여러 청소년의 삶에 대해서 추적한 종

단 연구가 있다. 이 연구 결과는 그런 최빈곤 지역에서도 건강하게 성장하고 성인이 되어 소위 성공적인 인생을 살아가는 소수의 청소년이 있다고 밝혔다. 그러한 청소년들이 가진 공통점은 본인을 지속해서 지지해 주는 사람이 주위에 있다고 믿는다는 점이다.• 클롭의 인터뷰는 이 연구 결과를 더욱 뒷받침해 주고 있다.

타인과 비교를 많이 하며 살아가는 한국 특유의 문화에 비추어 보면 클롭의 인터뷰는 더욱 가슴에 와닿는다. 내가 남보다 좋은 업적을 이룬 부분에 대해서는 나를 지지해 준 사람들이 곁에 있었던 덕이라고 고백하고, 내가 상대적으로 타인보다 좋지 못한 상황에 직면해 있을 때, 남을 탓하거나 패배감에 젖지 않고 그 상황을 있는 그대로 받아들일 수 있는 사람은 흔치 않기 때문이다. 겸손하면서도 담백한 그의 인터뷰를 통해 그가 얼마나 좋은 철학을 갖고 감독의 역할에 임하고 있는지 엿볼 수 있다. 한국에서 한때 유행했던 수저론과는 전혀 상관없는 삶이다.

〈리버풀 FC: 엔드 오브 스톰The End of the storm〉(2020)은 다큐멘터리다. 클롭의 인터뷰를 시작으로 과거 1970~80년대의 리버

• 김주환(2011). 회복탄력성. 위즈덤하우스; Werner, E. E. (1993). Risk, resilience, and recovery: Perspectives from the Kauai Longitudinal Study. Development and psychopathology, 5(4), 503-515

풀이 차지한 영광의 순간들을 보여준다. 하지만 과거 리버풀의 영광은 할아버지 군복의 빛바랜 훈장처럼 현재와는 크게 연관이 없다. 그러면서 팬들이 느끼는 아쉬움과 안타까움을 이야기한다. 그렇게 침체기가 오래되다 보니 이제는 그 누구도 희망을 품지 않는 상황이었고, 그때 클롭 감독이 지휘봉을 잡게 된다. 이렇게 희망보다 염려가, 학습된 무기력이 앞서는 팀에서 클롭 감독은 어떤 변화를 만들어 갈지 기대하게 한다.

팀의 새로운 이야기를 써나가기 위해서는 현재 처해 있는 상황을 진단하는 것부터 시작해야 한다. 그래서 클롭은 2015년부터 팀에서 바꿔야 할 부분은 어디인지, 보강해야 할 포지션은 어디인지를 찾게 된다. 한 번에 팀을 확 탈바꿈하기보다는 매년 한두 명의 선수를 보강해 가면서 단계적으로 정비하고 마침내 2018-2019시즌에 유럽 챔피언스리그 우승을 차지한다. 하지만 리버풀은 과거에도 챔피언스리그에서 우승했던 경험은 있었다. 하지만 한 번도 이루지 못한 프리미어리그 우승이라는 숙원 사업이 남아있었다.

이 다큐멘터리는 2019-2020시즌이 시작되기 전 프리시즌으로부터 시작된다. 결과적으로 이 시즌에 리버풀은 30년을 기다려 온 프리미어리그를 우승하게 되는데, 이 영화는 그 우승을 일구기까지의 여정을 보여준다. 우승을 예상하고 제작을 진행한 것도 아니었을 텐데, 공교롭게 프리미어리그 우승을 한 해에 기록을 남기게 되어 이 영화의 의미는 남다르다.

프리시즌에 리버풀 선수단은 프랑스의 에비앙이라는 곳에서 훈련을 시작한다. 한국에서는 에비앙은 생수의 수원지로 유명한 곳이다. 프리시즌 훈련에는 당연히 축구를 중심으로 진행되지만, 클롭은 다양한 활동을 같이 운영한다. 예를 들어, 함께 수영하거나 사이클을 타고, 심지어 서핑을 배우는 시간도 갖는다. 그러면서 이 영화의 첫 부분에 나온 인터뷰의 연장선에 있는 이야기가 이어진다. 서핑을 배우기 위해서는 훌륭한 서퍼(surfer)에게 기본기를 배워야 하는데, 그때 그 서퍼는 큰 파도를 잘 타고나면 그것으로 끝나는 것이 아니라 다음 파도가 언제 시작될지 숨을 고르며 계속 준비해야 한다고 이야기한다. 챔피언스리그라는 큰 파도를 우승이라는 결과로 잘 넘었지만 이에 만족하고 서핑을 마치는 것이 아니라 다음에 올 큰 파도인 프리미어리그 우승을 준비해야 하는 팀의 필요성에 딱 맞는 비유라 할 수 있다.

2019~2020년은 리버풀이 프리미어리그를 우승한 시즌이기 때문에 여기에 대해서 이야기한다면 리버풀의 강점과 긍정적인 측면을 부각할 것이라고 예상했다. 하지만 영화에서는 우승이라는 결과가 있던 그 시즌에 내부적으로 얼마나 많은 어려움과

문제점에 노출되어 있었는지 적나라하게 보여준다.

리버풀 같은 빅클럽은 여러 나라의 선수들이 모인다. 그러다 보니 다양한 문화와 종교를 가진 선수들이 섞여 있기 마련이다. 클롭 감독이 이를 어떻게 바라보고 선수들을 대하는지 잘 보면 강력한 카리스마 뒤에 얼마나 배려심이 많은 리더십을 가졌는지 알 수 있다. 다양한 선수들이 모일 때 민감한 문제 가운데 하나가 종교 문제이다. 클롭은 기독교인이다. 북유럽의 선수들은 개신교인이 많고, 남부 유럽이나 남미 선수들은 가톨릭 신자가 많다. 또한 북아프리카 선수의 경우, 교리를 철저히 지키는 이슬람교도가 많다. 가톨릭과 개신교 신자와 비교해서 이슬람교도는 준수할 규칙이 많아 보인다. 예를 들어 몸을 자주 씻거나 특정 음식을 먹지 않고 특정 시간에 예배 의식을 하는 것들이 있다. 이슬람교도는 신앙 행위에 지대한 의미를 부여한다. 따라서 이런 것들이 팀의 공식 일정과 겹칠 때는 종종 난처한 상황이 생긴다.

카메라는 그러한 상황 속에서 클롭 감독이 어떻게 리더십을 발휘하고, 어떤 결정을 내리는지 포커스를 맞춘다. 클롭은 선수들을 최대한 배려하기 위해, 팀 차원에서 그들이 종교적 의식을 할 수 있는 시간을 주면서, 전체 일정을 조정하는 세심함을 발휘한다. 경기 당일이라고 예외를 두지 않고 그들의 신념과 종교를 존중하려 노력한다.

한국은 팀을 위해 선수가 희생하기를 요구하는데, 매우 상반되는 모습이다. 한국에서는 한 선수의 종교적 신념 때문에 일정 혹은 훈련에 조정이 필요하게 되면, 팀은 그것을 지장이 된다고 판단해 선수 개인에게 종교적 신념을 바꾸길 바라거나, 따르지 않을 시 불이익을 가한다. 이런 문화에 익숙해져 있는 한국인들에게 클롭의 리더십은 더 특별하게 느껴진다.

다양한 구성원의 팀이 당면할 수 있는 문제들과 이때 클롭이 이끌어나가는 방향점은 다른 지도자에게 좋은 영감을 준다. 이렇게 다양한 가치관을 가진 집단을 이끄는 클롭은 개개인을 존중하면서도 한 팀으로서 동질감을 갖게하는데 특별한 능력을 갖고 있다.

시즌 중후반까지 1위 자리를 유지해 가지만 또 한번 예기치 못한 일이 발생한다. 코로나19로 인해 프리미어리그 경기가 무기한 중단된다. 30년 만에 우승에 도전하고, 압도적 승점을 쌓아가며 1위를 유지하고 있는데 리그가 무효화 될 수 있는 사태에 직면한다. 프랑스 리그와 네덜란드 리그는 시즌을 취소하는 방침까지 내놓는다. 많은 사람이 죽고 사는 문제로 일이 이렇게 흘러가다 보니, 리버풀 팀과 팬들은 초조해지기 시작한다. 리그가 중단되지는 않을까 노심초사하던 시간은 다행히 마무리되고, 리그가 재개된다. 리버풀은 2위와의 승점이 18점이라는 큰 차이로 30년 만에 우승을 차지한다. 아쉬웠던 부분은 코로나로 인하여 경기장에 팬이 한 명도 없는 상황에서 우승 트로피를 올리게 된 점이었다.

이렇게 리버풀의 숙원 사업이었던 프리미어리그 우승이라는 대업을 달성한 한 해의 기록지인 이 영화는 좋은 결말로 마무리된다. 우승하기까지 무엇을 잘했고, 어떤 강점을 잘 이끌어냈는지에 주목하지 않고, 시즌 내내 있었던 돌발상황, 어려움, 고난의 순간을 클롭이 어떻게 이겨냈는지에 주목하는 부분은 이 다큐에서 매우 인상적인 부분이었다.

마지막으로 클롭의 이야기를 소개하며 글을 마치고자 한다. 코로나 기간 중 집에서 어떤 일을 하였느냐는 PD의 질문에 클롭은 이렇게 대답한다. "저는 코로나 때문에 처음 해본 일들이 몇 가지가 있습니다. 요리도 거의 처음으로 해 봤고, 넥타이 매는 법도 연습해 보고, 매일 쓰레기를 비워 봤습니다. 저에게 집에서 쓰레기를 비우는 것은 일종의 일이에요. 저에게는 그것이 즐겁지 않은 일이죠. 하지만 저는 팀을 위해 훈련 세션을 준비하는 게 좋습니다. 축구 경기를 보면서 분석하는 건 즐거워요. 일이라고 볼 수 없어요. 이걸로 돈을 벌지 못한다 해도 이 작업을 계속하면서 살 거예요. 하지만 돈까지 받아서 다행이에요."

클롭은 자신의 본업이라 할 수 있는 축구 감독 일을, 일로 여기지 않는다. 하기 싫은 업무라기보다는 놀이나 취미에 가깝다고 표현한다. 본업을 '해야 하니까 하는 것'이 아니라 '너무 좋아서 한다'고 말할 수 있는 사람이 과연 얼마나 될지 생각하면, 클롭은 분명 특별한 사람이다. 즐거운 것을 매일 할 수 있고, 본인이 곤경에 처할 때 자신을 지지해 주고 함께 할 수 있는 사람이 주변에 있다고 고백할 수 있는 사람은 그 누구보다 특별하다. 이런 클롭의 이야기는 그가 가진 특별한 리더십의 비결이 무엇인지 우리에게 힌트를 던져 준다.

아들의 엉뚱한 거짓말이 부른 좌충우돌 해피엔딩

어쩌다 아스널

"아빠 내가 됐어! 내가 뽑혔어!"

체육교사로서 필자의 스포츠에 대한 열정은 단순한 신체 활동을 넘어선다. 학생들이 스포츠를 통해 숨겨진 깊은 가치들을 깨닫고, 그것을 자신들의 삶 속에 자연스럽게 녹여내길 바라마지 않는다. 특히 축구는 필자에게 단순히 발과 공을 다루는 게임이 아닌, 우리 인생의 축소판과 같다. 이러한 철학은 어린 시절 축구 선수로 활약한 알베르 카뮈의 경험과도 맞닿아 있다. 결핵으로 인해 선수 생활이 조기에 종료되었음에도, 그는 노벨 문학상 수상 소감을 축구장에서 진행할 정도로 축구를 사랑했다. 카뮈는 생전에 "도덕과 의무에 대해 내가 아는 모든 것, 그 깊은 교훈은 축구로부터 배웠다."라는 말을 남겼다. 필자는 이 말에 깊이 공감하며, 축구가 어떻게 세계적인 대문호에게 영감을 줄 수 있었는지 이해한다.

이러한 교훈은 영화 〈어쩌다 아스널[Fourmi]〉에서도 반영된다. 이 영화는 프랑스 출신 감독이 만화 〈Dream Team〉을 각색하면서 축구를 통해 '희망'이라는 메타포를 전달한다. 아스널은 프랑스인들에게는 희망의 상징이다. 프랑스 출신 아르센 벵거 감독은 팀을 22년간 지휘하며 티에리 앙리, 페트리크 비에이라, 로베르 피레스, 에마뉘엘 프티 등 수많은 프랑스 선수들과 함께 프리미어리그와 세계무대를 제패하는 화려한 성과를 달성했다. 이들의 업적은 프랑스 축구의 세계적인 위상을 높이고 국민에게 큰 자부심을 부여했다.

〈어쩌다 아스널〉은 주인공의 엉뚱한 거짓말을 중심으로 전개된다. 실화를 바탕으로 하지 않았음에도 불구하고 축구 팬들 사이에서는 한동안 영화의 진위 여부에 대해 논란이 있었다. 그러나 영화의 실화 여부는 중요하지 않다. 오늘도 이미 수많은 프랑스의 젊은 선수들이 자신만의 '엉뚱한 꿈'을 마음에 품고 아스널 입단의 꿈을 실현하기 위해 노력하고 있기 때문이다.

테오는 축구에 타고난 재능을 지닌 12세 소년으로, 그의 가정생활은 여러 어려움을 겪고 있다. 부모의 이혼 후, 그는 새아버지와 어머니와 함께 살고 있으나, 친아버지와의 관계는 여전히 지속되고 있다. 아버지는 이혼 이후 직장을 잃고, 무기력한 상태로 술에 빠져 주변 사람들과 빈번히 갈등을 겪으며 고단한 삶을 이어가고 있다. 이러한 상황 속에서 아스널의 스카우터가 테오를 보러 온다는 소식은 아버지에게 작은 희망의 불씨를 지피게 된다. 아버지는 기쁜 소식을 아들에게 전하기 위해 학교로 달려간다. 테오는 처음엔 이 소식에 기뻐하지만, 곧 자신이 양육권이 없는 아버지와 떨어져야 한다는 생각에 마음이 어두워진다. 그러나 아버지는 "반드시 함께 영국으로 가자."라며 테오를 안심시킨다. 오랜만에 아버지의 희망찬 얼굴을 본 테오는 감정이 복받쳐 오른다.

아스널 스카우터가 찾아온 경기 날, 테오는 긴장으로 인해 실력을 제대로 발휘하지 못하고 팀은 무기력하게 패배한다. 통역관을 대동한 스카우터는 테오의 개성 있는 축구 스타일을 인정하지만, 작은 키를 문제 삼아 선발하지 않는다. 테오는 스카우터에게 간곡히 애원하지만 결정은 바뀌지 않는다. 아버지는 스카우터가 테오에게 명함을 건네는 모습을 긍정적인 신호로 착각하고 테오에게 다가와 결과를 묻는다. 테오는 아버지의 기대를 저버리지 않기 위해 순간적으로 "아빠, 됐어! 내가 뽑혔어!"라며 책임지지 못할 엄청난 거짓말을 한다. 테오의 말을 듣고 아빠는 기쁨에 압도되어 기절한다.

테오의 아스널 입단 소식이 퍼지면서 마을은 축제 분위기에 휩싸이고, 길거리는 아스널을 상징하는 그림들로 화려하게 꾸며진다. 아버지는 테오와 함께 영국에 가기 위해 술을 끊고 새로운 직장을 얻으며, 테오와 함께 살 보금자리까지 마련한다. 테오는 이 모든 변화가 자신의 거짓말 때문이라는 것을 알면서도, 아버지가 변한 모습에 큰 행복을 느낀다.

그러나 거짓말은 결국 드러난다. 어느 날 아버지는 스카우터의 통역관을 만나 진실을 알게 된다. 절망한 아버지는 다시 술에 손을 대고 폭력적인 과거의 모습으로 돌아간다. 이를 본 테오는 슬픔에 잠기며 잠적한다. 아버지는 테오가 거짓말을 한 진짜 이유가 자신의 못난 모습 때문이였음을 깨닫고 크게 후회한다. 아빠는 테오 친구의 도움으로 테오를 찾아 용서를 구하고, 다시 함께 축구를 하자고 제안한다. 테오는 처음에는 망설였지만 아빠의 진심을 이해하고 다시 축구장으로 향한다.

다시 찾은 축구장에는 지역 라이벌 팀과의 중요한 경기를 앞두고 있었다. 이 경기에 아스널 스카우터가 소리 소문없이 자리하고 있었다. 테오는 이 경기에서 자신의 뛰어난 실력을 발휘하고, 마침내 황금 같은 결승골을 성공시키며 팀을 승리로 이끈다. 경기가 끝난 후, 스카우터는 그의 눈부신 성장을 칭찬하고, 드디어 테오가 아스널 유소년 팀에 선발되었다는 기쁜 소식을 전한다. 이 순간은 테오와 그의 아버지에게 감동적인 순간이다. 영화는 아버지가 자신의 어두운 과거를 뒤로하고 아들을 응원하면서, 둘 모두가 희망찬 미래를 향해 나아가는 장면으로 마무리된다.

영화 〈어쩌다 아스널〉의 이야기를 이끄는 원동력은 테오의 '엉뚱한 거짓말'이다. 이 거짓말은 현실적으로 터무니없고 무모하기 짝이 없지만, 관객들은 영화 내내 그의 거짓말에 공감하며 응원하게 된다. 그 이유는 아마도 모든 인간이 자신의 마음속에 '엉뚱한 꿈' 하나쯤을 믿으며 살아가기 때문일 것이다. 이는 주변 사람들에게까지 긍정적인 영향을 미치며, 때로는 사회 전반에도 새로운 도전 의식을 불러일으키기도 한다.

예를 들어, 2002년 월드컵에서 히딩크 감독은 16강 진출이라는 목표를 달성한 후 '나는 아직 배고프다'라고 말하며 국민들과 선수들에게 새로운 도전 정신을 불러일으켰다. 당시 16강에서 만날 세계 최고의 팀 중 하나인 이탈리아를 꺾는다는 것은 현실성이 매우 떨어지는 일이었다. 그러나 이 엉뚱하고도 대담한, 더 큰 승리를 이룰 수 있다는 듯한 암시는 우리에게 꿈을 갖게 했고, 결국 8강에서 스페인까지 꺾으며 전대미문의 4강 신화를 이루어냈다.

영화에서 테오는 축구를 하는 소년이지만 삶으로 비유하자면 그는 감독과 같다. 테오는 아스널에 뽑혔다는 엉뚱한 거짓말을 통해, 결국 자신과 아버지가 함께 성장하는 경험을 이뤄낸다. 체육교사 혹은 운동부 지도 감독으로서 필자는 일상에서 수많은 학생을 지도하며 이러한 엉뚱한 거짓말의 가치과 힘을 깊이 이해한다. 좌절하고 꿈을 상실한 학생들에게는 때때로 무모하기 짝이없는 엉뚱한 선의의 거짓말로 그들을 일으켜 세울 교사가 반드시 필요하기 때문이다.

영화는 가볍고 담백하게 진행되지만 그 속에 담긴 가치는 무게감이 있다. 아스널이라는 상징적인 존재와 엉뚱한 거짓말이라는 재치있는 모티프를 통해 희망이라는 깊은 메시지를 전달한 이 영화에 진한 감동과 감사를 느꼈다.

나가며

영화를 본 이후에 이 책을 접했을 수도 있고, 반대로 이 책을 통해 영화를 보는 계기가 되었을 수도 있다고 생각합니다. 저는 독자 여러분의 생각이 궁금합니다. 책과 영화의 차이는 어떤 것이 있을지, 인상 깊었던 장면은 어떤 것인지, 어떤 인물과 닮고 싶다고 생각했는지, 영화 속 주인공들이 성공하고 실패하는 이유는 무엇이라고 생각했는지, 우리 문화와 사회적 이슈와는 어떻게 연관 지어 생각해 볼 수 있을지, 어떤 깨달음을 얻었는지… '나라면 그렇게 하지 않았을 거야.' 하고 반문을 했을 수도 있고 말입니다. 영화의 묘미는 영화를 다 보고 나서의 토론이 아닐까요?

스포츠맨십은 다양한 정신을 가리키지만 그중 저는 패배를 겸허히 인정하는 자세와 공정한 플레이, 끝까지 최선을 다하는 것 세 가지를 주로 의미한다고 봅니다.

패배감을 자주 접할 수밖에 없는 작금의 분위기 속에서 학교 선생으로서 이런 말씀을 드리고 싶습니다. 패배를 한 번도 겪지 않은 주인공은 없다고 말입니다. 앞 영화들은 각자 다른 색깔과 주제를 갖고 있지만, 위기가 없었던 이야기는 단 하나도 없습니다. 영화 속 주인공뿐 아니라 우리는 어떤 삶이라도 난관에 부딪힐 때가 옵니다. 자기 내면의 갈등, 사람과의 갈등, 사회와의 갈등 모든 어려움이 우리 주변에 도사리고 있는 것은 사실입니다. 그러나 부딪히는 것을 겁내지 마세요. 좋은 패배자는 곧 좋은 승리자가 될 것입니다. 얼른 다시 일어나 목표에 집중하는 이들에게는 분명 멋진 결말, 새로운 역사가 찾아오리라 약속합니다. 물론 '다시 일어남'의 정의는 자기만이 내릴 수 있겠지요.

그럼, 건투를 빕니다.

— 저자를 대표하여 정일화

참고 영화

- **42**(2013). Brian Helgeland 감독, Chadwick Boseman · Harrison Ford 출연. 미국.
- **4등**(2016). 정지우 감독, 박해준 출연.
- **걷기왕**(2016). 백승화 감독, 심은경 출연.
- **국가대표**(2009). 김용화 감독, 하정우 · 성동일 출연.
- **국가대표2**(2016). 김종현 감독, 수애 출연.
- **그레이시 스토리**(2007). Davis Guggenheim 감독, Carly Schroeder 출연. 미국.
- **글러브**(2011). 강우석 감독, 정재영 출연.
- **글로리 로드**(2006). James Gartner 감독, Josh Lucas 출연. 미국.
- **나의 펜싱 선생님**(2015). Klaus Härö 감독, Märt Avandi 출연. 에스토니아.
- **내 생애 최고의 경기**(2005). Bill Paxton 감독, Shia LaBeouf 출연. 미국.
- **당갈**(2016). Nitesh Tiwari 감독, Aamir Khan 출연. 인도.
- **독수리 에디**(2016). Dexter Fletcher 감독, Taron Egerton 출연. 영국 · 독일.
- **드리머**(2005). John Gatins 감독, Kurt Russell & Dakota Fanning 출연. 미국.
- **드림**(2022). 이병헌 감독, 박서준 · 이지은 출연.
- **라라걸**(2019). Rachel Griffiths 감독, Teresa Palmer 출연. 호주.

- **루디 이야기**(1993). David Anspaugh 감독, Sean Astin 출연. 미국.
- **루키**(2002). John Lee Hancock 감독, Dennis Quaid 출연. 미국.
- **리멤버 타이탄**(2000). Boaz Yakin 감독, Denzel Washington 출연. 미국.
- **리바운드**(2005). Steve Carr 감독, Martin Lawrence 출연. 미국.
- **리바운드**(2022). 장항준 감독, 안재홍 · 이신영 · 정진운 · 김택 · 정건주 · 김민 · 안지호 출연.
- **리버풀 FC: 엔드 오브 스톰**(2020). James Erskine 감독, Trent Alexander Arnold 출연. 미국.
- **말아톤**(2005). 정윤철 감독, 조승우 · 김미숙 출연.
- **머니볼**(2011). Bennett Miller 감독, Brad Pitt 출연. 미국.
- **미라클 시즌**(2018). Sean McNamara 감독, Erin Moriarty 출연. 미국.
- **보리 vs 매켄로**(2017). Janus Metz Pedersen 감독, Sverrir Gudnason 출연. 스웨덴 · 덴마크 · 핀란드.
- **세크리테어리엇**(2010). Randall Wallace 감독, Diane Lane 출연. 미국.
- **어쩌다 아스널**(2019). Francois Damiens 감독, Maleaume Paquin 출연. 프랑스.
- **코리아**(2012). 문현성 감독, 하지원 · 배두나 출연.

건투를 빌어요

초판 1쇄 발행 2024년 7월 31일
초판 2쇄 발행 2024년 12월 31일

글 정일화 · 장필준 · 한동수 · 이승현 · 강민수 · 이정우 · 이청아 · 서유정 · 송재우
발행인 채종준

출판총괄 박능원
책임편집 박민지
디자인 김예리
마케팅 전예리 · 조희진 · 안영은
전자책 정담자리
국제업무 채보라

브랜드 크루
주소 경기도 파주시 회동길 230(문발동)
투고문의 ksibook13@kstudy.com

발행처 한국학술정보(주)
출판신고 2003년 9월 25일 제406-2003-000012호
인쇄 북토리

ISBN 979-11-7217-418-7 03690

크루는 한국학술정보(주)의 자기계발, 취미, 예술 등 실용도서 출판 브랜드입니다.
크고 넓은 세상의 이로운 정보를 모아 독자와 나눈다는 의미를 담았습니다.
오늘보다 내일 한 발짝 더 나아갈 수 있도록, 삶의 원동력이 되는 책을 만들고자 합니다.